講談社選書メチエ

601

フリーメイスン

もうひとつの近代史

竹下節子

MÉTIER

はじめに

「私にとってあなた方は近代の偉大な折衷主義者以外の何ものでもありません。あなた方はすべての時代、すべての国、すべてのシステム、すべての哲学の中から、明らかで永遠不変のモラルの原則を汲み、そこから兄弟愛という揺らぐことのない万人の認める教義を打ち立てました。あなた方は人々の精神を分断するものすべてを斥《しりぞ》け、心を一つにするすべてのものを称え、調和を作る人たちです。あなた方は私たちの社会の基礎に鏝《こて》をもって徳というセメントを投げ入れるのです」

ラマルチーヌ（甥の属するフリーメイスンのロッジが募った寄付によって負債を返済できた一八四八年に書いた感謝の手紙）

パリのカデ通りにあるグラントリアン（一七七三年に成立したフランスのフリーメイスンの組織。大東社）の本部ロッジ（集会所）をはじめて案内してもらったのは一九八〇年代初めのことだった。歴代アメリカ大統領の就任式にずらりと並んで剣を抜いたフリーメイスンたちが写っている写真が飾ってあったのが印象的だった。

いまのグラントリアン本部はすっかり新しくなって、「ユマニスム三〇〇年歴史資料館」としての充実したフリーメイスン・ミュージアムを誇らしく公開している。ナチス占領下で失われたり散逸したりしていた資料が新たに少しずつコレクションに加わり、二〇〇〇年には文化・通信省から認可されたフランスの公式ミュージアム・グループの一員になっているのだ。

一九八〇年代と言えばフリーメイスンがヴァティカンの教理省からあらためて弾劾された時期だが、ガイドの女性は、メイスンがカトリックを受けつけないわけではないと強調し、夜明けのノートルダム大聖堂で鳴る鐘の音を想起する典礼文をうっとりとしてつぶやいていたものだ。ミッテランの社会主義政権の時代で、自由平等のフランス革命の精神を実現する社会政策立案の一翼を担うという自負がはっきりと感じとれたことをおぼえている。

すべてが計量化、実証化、機械化され、利率や効率が優先されることで「超越」からどんどん乖離していく近現代において、「シンボルの世界」という境界宇宙《メゾコスモス》が伝統宗教から独立した「世俗」の場で温存されてきたという意義は決して小さくない。

フランスに住みながら、日本では「欧米」や「西洋」とひとくくりにされる文化や伝統にじつは多くのヴァリエーションがあることをこれまで痛感してきた。やがてそれはフリーメイスンのような影の世界にも通底していること、いや、影の世界でこそ、光の当たる世界における本音と建前の差や葛藤や妥協やルサンチマンの複雑さがより強く反映されているのが見えてきた。

フリーメイスンのメンバーの正確な数はわからない。公表されていないものもあるし、さまざまなかたちのインデペンデント系メイスンもあるし、公表されている数字でも、除名手続きなしに自然退会していくメンバーの数は把握されていないからだ。

目安の数字として挙げられるのは二一世紀初頭、世界で七〇〇～八〇〇万人というところだろうか。そのうち半数以上がアメリカ合衆国のメイスンで、イングランドに一〇〇万人、カナダ、オーストラリアに三〇万人、ニュージーランド、アイルランド、スコットランド、南アフリカに各五万人と、アングロ・サクソン系が圧倒的に多い。しかもその大半は「レギュラー」と呼ばれる神（あるいは至高存在）を信じる男性のみの社交親睦クラブ風のもので、シンボリズム研究はあっても原則として宗教や政治の話はしない。これに対してフランス、ベルギー、ラテン諸国などカトリックの強い国のフリーメイスンは共和国主義者と政教分離の牙城となって政治団体化したもの（四五万人程度）もあり、フランスではこのような進歩主義フリーメイスンが多数派となっている。その他に儀式やシンボルを重視し、ルネサンスからつづく「霊性の系統学（諸宗教の祖型を探る）」を重んじる派がある。いずれも自由平等の普遍主義を源流とするので、各派間のヒエラルキーはなく、各派内でも各地のロッジが独立していて、本部は求心力があっても各ロッジに君臨しているわけではない。そのようなシステムだから、「陰謀論」者が唱えるような「巨大な闇の組織」にはなりえない。時折暴露されるスキャンダルのほとんどは、個々のロッジのなかの限られた人脈に由来するものである。

にもかかわらず、フリーメイスンは多くの人の好奇心を刺激してきたし、ナチス政権下のように時としてスケープゴートとして潰されたたし、アメリカの独立戦争やフランス革命の触媒となったたし、英仏の帝国主義を通して植民地に「啓蒙思想」をもたらして独立を準備するなど、近代史のなかで看過できないたしかな役割を担ってきた。世界がフリーメイスンの掲げる「自由平等」の理念の実現からほど遠い混迷のなかにあるいま、フリーメイスンがこれまで実際に、あるいは人びとの幻想のなかでどのように展開し、変遷し、生きつづけてきたのかを見ることは、好奇心の満足以上の未来への貴重な展望を与えてくれるのではないだろうか。

スコットランド古式典礼派のモットーは、「Ordo ab Chao（カオスから秩序へ）」である。グローバル化した社会でさまざまなイデオロギーが暴走し、経済格差や暴力を肥大させているこの時代に、社会的、政治的、霊的、道徳的、倫理的な新しい共生の秩序が生まれることを私たちは期待できるのかという問いに、グランド・マスター（フランス・グランド・ロッジ〈GLDF〉のアラン・グレゼル）は答える。待っているだけではカオスは増大する、私たちの一人一人が自らを変革しなければならない、と。

この本はフリーメイスンの誕生と変容をとおして、西洋近代史と、西洋近代の価値観が世界にどのように拡がりまた拒絶されてきたかをたどることで、普遍主義の意義と限界を検証しながら、彼らの掲げる自由・平等・兄弟愛や力・知恵・美などが実現する理想世界が果たしてやって来るのか、真の共生と調和に至る道はどこに見えてくるのかなどを探る一助となるために書かれたものである。

目次

序章　フリーメイスンからみた西洋近代史

普遍主義のフェニックス

コンスタンティノープル（現・イスタンブール）の総主教アテナゴラス一世（一八八六〜一九七二）と、一八七〇年のフランス法務大臣でアルジェリアのユダヤ人にフランス市民権を獲得させたユダヤ人のアドルフ・クレミュー（一七九六〜一八八〇）と、アルジェリアで対フランス・レジスタンスを主導したイスラムのスーフィ神学者のアブデル・カーデル（一八〇八〜八三）には共通点がひとつある。それは三人ともフリーメイスンのメンバーであったということだ。

秘密結社の代表のように言われているフリーメイスンであるが、じつは、多文化、多宗教の確執と争いに翻弄された近代社会の入り口において、表社会では必ず制限される個人の自由や独立を実現することのできる一種の「ユートピア」として少しずつ形成されてきたものだった。中世の同業組合にインスパイアされたシンボルの多用と主流秩序からの弾圧を避けるために設けた「秘密」性のせいでフリーメイスンはしばしば社会のスケープゴートともなったし、あらゆる共同体と同じくエゴイズムや権益への欲望による内部腐敗も経験してきた。けれども、同時に、その秘密性こそが、出発点で掲げた「普遍主義（地縁血縁などの共同体主義による規制を排した自由平等主義）」の理念を絶え間ない更新や改革によって維持することを可能にしてきた。フリーメイスンという普遍主義のフェニックスは、自らの病や他者からの攻撃によって死に瀕するたびに「秘密」という炎に身を投じて自らを刷新しつづけてきたのだ。

さまざまな「聖なるもの」

日本は一九世紀後半から「国際社会」の仲間入りをしてまず「西洋近代」の先進技術を急速に獲得し、二度の世界大戦を経た二〇世紀後半には「アメリカ型民主主義」の衣に身の丈を合わせてさらなる「先進」国の道を歩んできた。日本に伝えられた「西洋」の掲げる「西洋近代」理念はもちろん単純な一枚岩ではない。彼ら同士の歴史的、地政学的葛藤と外交的、経済的な思惑と駆け引きによって養われた欺瞞やバイアスの集合体である。けれども、どの時代にどの国のどの立場に拠る言い分を聞くかによってラディカルに変わる言説を、日本は「先進西洋の価値観」のレッテルを貼って都合よく利用したり批判したりしてきた。政治的イデオロギーも、宗教的価値観も、敵と味方の善悪二元論的見分け方も、日本がその都度の国際社会で生き残るために、それらが成り立ってきた背景を理解する手続きを怠ったまま採用したり排除したりしてきたのだ。

なかでも難しい問題は一神教由来の普遍主義の建前が宗教体制の実際行動と乖離していくなかで「西洋近代」が宗教を捨てて「人間中心主義」に姿を変えたことである。「西洋近代」の新しい建前に関する自己正当化の言説は、そこに到達するまでの各国の事情を反映して複数のスタンダードを生んでいる。それを読み解くには、西洋文化におけるキリスト教の栄枯盛衰、進化変遷を観察する作業が必要となる。二〇世紀後半以来の日本にもたらされる「西洋」情報の多くが、アングロ・サクソン・プロテスタントが建国したアメリカのような特殊な国を経由していることはこの作業を困難なものにしている。

それでも、明治維新以来最速で西洋文明に追いつき追い越すことを自らに課してきた日本にはプラグマティックな取捨選択や「和魂洋才」のようなレトリックを駆使する知恵やそれを可能にするメンタリティがあった。西洋キリスト教世界とは別の経路をたどった「世俗化」や「成熟」が西洋先進国と同じように進んだ。けれども、冷戦終結以来顕在化し過激化する「イスラム過激派」によるテロリズムに象徴されるように、すべての非西洋文明がそのような世俗化の道をたどっているわけではない。地球上での共存や経済システムへの参入を余儀なくされるさまざまな共同体の持つ「聖なるもの」をどう取り扱うのかは、いまや緊急の課題となっている。

フリーメイスンの「秘密性」

現代の混迷の一因である西洋近代文明の誤解に別の光を当てて見るために私はこれまでにキリスト教近代化の歴史、「無神論」の系譜、「陰謀論」の系譜をたどってきた。本書ではそれをまた別の角度から見るためにフリーメイスンを取り上げている。フリーメイスンについての本は巷《ちまた》にあふれているばかりか、ネット上にはおびただしい情報が飛び交っている。そのほとんどは「陰謀論系」か「オカルト系」であり、フリーメイスンが抽出した理念がアメリカ独立戦争とフランス革命という近代史に果たした役割について語るものをはるかにしのいでいる。

けれども、インターネットの匿名性、ソーシャルネットワーキングの発展は、フリーメイスン内の伝統的な「研究会」や「勉強会」の発表に理想的な場所を提供した。ロッジ内での研究発表には質疑応答などにさまざまな規制がかかるが、ブログやサイトの掲示板では忌憚《きたん》のない意見交換がおこなわれる。もともと「表現の自由」を尊重する団体であり、フランスでは特に知識人層やオピニオン・リーダーが活躍し政治的な言説をいとわないロッジがあるので出版活動も盛んだが、ネットでもかなり広範囲なテーマの研究が詳細な出典とともに公開されている。

秘密結社としてのフリーメイスンの「秘密性」とは三つあって、①メンバーが自分で所属を明かすのは自由だが他の「兄弟」の帰属を明かしてはならないこと、②イニシエーション（通過儀礼）や各種典礼の次第やシンボル、合言葉、さまざまな合図《サイン》を公表しないこと、③ロッジ内で交わされた言葉、起こったことを他言しないことである。二つ目については退会者によるあまりにも多くの情報がすでに出回っているのでほとんど「秘密」の意味をなしていないし、三つ目については他の組織でも往々にして見られることである。

一つ目の「秘密」の持つ制限はインターネットの匿名性のなかで解消できる。退会、脱会や秘密漏洩について儀式上では命をかけるほどの覚悟が求められるが、もともと表社会における遵法性を誓う団体であるから、別の利害関係でもなければ実際に危害を加えられるようなことはない。カルト宗教のようなハラスメントはなく、たとえば一般の教会に通っていた信者の足が遠くなっても何も言われないのと同じで、いつのまにか興味を失ったり他のメンバーと折り合いが悪くなったりした人が事実上やめてしまい会費も払わなくなるという例は少なくない。内部分裂や憎悪や裏切りという事件が時折あるとしても、それはある理念を共有する人が集まって、内面にもかかわるある目的のために時と場所を共有するグループに自由意思で一定期間参加した場合に起こるような問題が、フリーメイスンでも起こっているにすぎない。

「カオスから秩序へ」の道

一方、フリーメイスンについての学術的な研究は長いあいだ置き去りにされてきた。歴史学的にはそのルーツに意図された秘密性があるので資料を渉猟したり証言を集めたりしにくいうえに、度重なる弾圧によってその資料が破棄されたりあるいは弾圧をおそれて自ら焼却したからである。社会運動としての歴史研究はあっても、思想やシンボリズムや宗教心理学的な視点は持ち込まれない。
いわゆる教祖や教義をたてないので宗教学的アプローチもされにくい。諸教混淆主義《シンクレティズム》という決めつけがあるからである。大方の諸教混淆主義《シンクレティズム》はフォークロアの文脈に入るが、フリーメイスンの運動は近代的、都会的、思弁的すぎてフォークロアの文脈では語りにくい。フリーメイスンは諸教混淆主義《シンクレティズム》ではなく諸教折衷主義《エクレクティシズム》であるという人もいる。

フランス・ロマン派文学の巨匠ラマルティーヌ（一七九〇～一八六九）はすでにフリーメイスンを「偉大な折衷主義者」と評している。

諸教折衷主義《エクレクティシズム》にはアレクサンドリアに生まれた哲学の分派をはじめとして、ローマ帝国下のローマ教や、モンテーニュや一九世紀のラーマクリシュナなどいろいろな例がある。オリジナルなシステムを創る代わりに、過去に存在する諸システムのなかから最も有効なものを一定の論理に従って選び新しいシステムを創ることだ。これに対して諸教混淆主義《シンクレティズム》は二つ以上のシステムが自然発生的に習合したもののように、諸要素の取捨選択があいまいで全体の整合性に欠けることも多い。

フリーメイスンが使うシンボルはほとんどが聖書、ピュタゴリズム（数学者ピタゴラスの教団）、騎士道、ヨーロッパ同業組合伝説、錬金術から成っていて、ルネサンスのフィルターを通した選択的なものである。フリーメイスンが諸教折衷主義《エクレクティシズム》としてアカデミックな研究対象になることは考えられるのだが、それでは社会学的な視点が欠落する。

社会学的なアプローチも、フリーメイスンはアメリカではもう長いあいだ「慈善団体」化しているし、ヨーロッパでは第二次大戦下の「悪魔崇拝」プロパガンダも手伝って、オカルト、陰謀論などサブカルチャーの分野でのバイアスがかかりすぎている。ジャーナリスティックにはいまもじゅうぶんに価値あるテーマであり、実際に定期的に取り上げられるし、政界財界がらみのスキャンダルが起こるたびに、他の団体よりもフリーメイスンは好奇心の対象になる。このようにアカデミックな業績として評価されにくい状態が長く続いたせいで、客観的な研究が発表されるようになったのは比較的最近のことにすぎない。

この本では、第一章で、具体的なある人が人生のなかでいつどのようにしてメイスンと出会いいつどのように去ったのかという数ある証言のなかからの一例を紹介してカトリックとフリーメイスンの関係を考察する一助とした。

そのうえで、陰謀論や好奇心をそそる「秘密のシンボル」の解説などから距離をおいて、西洋近代史でフリーメイスンがどのように登場し受容されたかを解説する。さらに、プロテスタント世界で生まれたにもかかわらずプロテスタント世界では自由主義的要素が希薄になり、カトリック文化圏でこそ過剰なプロテスタント的特質があらわになるという逆説や、キリスト教以外の一神教世界との関係、非一神教世界との関係、また、各国の主流秩序によるフリーメイスン規制や禁止の歴史を通して見えてくる「自由」度の比較、ひいては二一世紀における文明や宗教の「衝突」と呼ばれる危機を前にしたフリーメイスンの意味の考察などを紹介する。

「カオスから秩序へ」の道はひとつではない。逆説に満ちたフリーメイスンの魅力をとおして西洋近代史の一テーマの裏表を見直すことで新しい視界が開けてくることを願っている。

第一章　イニシエーション——フリーメイスンとカトリックのあいだ

1　ある外科医の証言

『私はフリーメイスンだった』

フリーメイスンと言えば「秘密結社で秘密の儀式」ということがいつの時代も人びとの好奇心をそそってきた。その「暴露」がおこなわれるのは脱退したメンバーの証言や、死亡したメンバーの残した手記などが主なものだ。けれどもその「内容」の真偽に関しては決して完全に明らかになることはない。

なぜならメイスナリー（フリーメイスンの組織）の種類によってあまりにも多くのヴァリエーションがあり、一つのメイスナリーのなかでも位階によって儀式やシンボルが異なり、下位の者には上位の「秘密」が知らされておらず、「暴露記事」は主として「陰謀論」マーケットのなかで消費されるので、それに対するメイスナリーからの反論という検証はおこなわれていないからだ。メイスナリーから自然に疎遠になるメンバーもいるが、意識的に「脱退」する時は多くの場合、意見の相違や確執があったわけで、「暴露」する側も当然匿名でいることが多い。当然フィクションも入ってくる。

そんななかで、フランスのモーリス・カィエという外科医の著した『私はフリーメイスンだった』(Salvator, 2009) をはじめとする一連の証言は、個人の記録としても、現代フランスのフリーメイスンの実態レポートとしても信頼できるとともに貴重なものである。一般論を述べる代わりに、ここでは、このカィエ博士の記録を中心に、フランスでもっともメンバー数が多く政治ロビーも形成するグラントリアンの一九六〇年代頃からの様子を紹介してみよう。フランスは、一九八一年から一四年つづいた社会党大統領ミッテランの時代、二〇一二年からつづく同じく社会党のオランド大統領の時代と、「インテリ＝左派＝無神論者（または反教権主義者）＝フリーメイスン」という「伝統的」図式と親和性のある時代を経験している。実際はそのあいだに長い保守政権時代や連合政権もあったのだが、カィエ博士のメイスンとしての道程は、ある程度そのような革新政権時代の思想傾向と合致している。そのうえに、一九六〇年代後半以降のアメリカン・ニューエイジの影響を受けた「オカルト志向」が加わっているのも時代を反映している。

カィエ博士はメイスンの人脈で得られた利得についても記録しているが、彼の証言に信頼性がおけるのは、それが匿名などではなく、カトリックのカリスマ派という別の組織に「守られて」いるからだ。だからこそ彼の一連の著作や活動は、「フリーメイスン暴露本」や陰謀論などという商業主義とは別の「カトリックの教えとフリーメイスンは両立しない」という別のプロパガンダの文脈にある。カトリック教会から「神とのコミュニオンの状態にない（つまり聖体拝領できる状態にない）」とされているグラントリアンの内部では「信教の自由」がありカトリックは排除されない。いや、政界や財界でメイスンのロビーを必要とするようなフランスのエリートの多くはカトリック教会で幼児洗礼を受けていたり、カトリック系の私立学校の教育を受けていたりするから、彼らを排除していられないし、そのようなエリートのマジョリティは特に一九六八年の五月革命以降、「教会離れ」した名前だけの信者である。没後ノートルダム大聖堂で追悼ミサがあったミッテラン大統領にしろ、自分は「不可知論者《アグノスティック》」だと言っていた。「不可知論」というのは、神がいるとかいないとかいうことへの信仰の名による是非を明らかにしない、言い換えると信仰と合理主義を分離させる姿勢だから、古いカトリック教会のイメージを引き剝《はが》したいフランスのエリート公人にとって都合のいい言葉である。

現代のフランス人がフリーメイスンに接触するのは、政治家を含む同業者からの誘い、逆に失業して新しい人脈を必要としてなどの目的が多い。これはフリーメイスンがもともと「同業組合」であることからもうなずける。

けれども、カィエ博士の証言からうかがえるように、フリーメイスンのイニシエーションの典礼や組織構造は、ユダヤ＝キリスト教やオカルティズムのシンボルを多用しているし、演出も演劇的なのだ。もし本当に無神論者、合理主義者であらゆる宗教を蒙昧として退けるタイプの人間がそこに入れば、メイスンの儀式もそのパロディにしか見えないだろう。しかし、反教権主義（すなわちカトリック教会の権威を拒否する）イデオロギーによって、あるいは宗教への無関心や無知によって「宗教の典礼」を知らなかっただけの者であれば、メイスンの典礼の演劇性を通して閉鎖領域で「聖なるもの」を分かち合いともに成長するという連帯意識に「目覚める」場合もあるだろう。既成宗教に無縁になってしまったことで「神」や「神秘」に免疫のない若者たちが霊的なものや力に憧れてカルト宗教やオカルティズムに魅かれる現象は先進国に共通してみられることだ。フリーメイスンは「共同体」「人脈」「演劇的典礼」「神秘やオカルトへの興味」などをすべて提供してくれる有力なシステムだと言えよう。

だからこそカィエ博士のような人は、後にフランスのカトリック教会のカリスマ派に出会い、じつはそれらのすべてを満足させてくれるような伝統宗教があることを「再発見」して、今度はそちらの「活動家」となったわけである。ある意味で「聖なるもの」の乗り換えをおこなったカィエ博士だが、「聖なるもの」への感受性が強い人びとにとっては、フリーメイスンをインスパイアした「本家」のキリスト教、しかも、聖俗清濁併せ呑んで生き抜いてきたカトリックの与えるインパクトは大きかった。カトリックの受け皿は大きく、そこには第二ヴァティカン公会議を経て、より開かれ、より「普遍」性をめざす本流とは別のカリスマ派（聖霊による賜物としてのトランス状態や、病の奇跡の治癒を含み、共同生活をすることもある。一九六〇年代にプロテスタントから派生したもので、ニューエイジ運動の流れにある。カトリック教会から公認されているグループもある）もあった。カイエ博士はそこに所属したうえでフリーメイスンとしての体験の「証言」を公開しているからこそ、信用度は高い。出版の商業主義に毒されずにすむこと、フリーメイスンの圧力から守られること、そしてカトリック教会からのチェックが入るために神秘的暴走も避けられることがその理由だ。

フリーメイスンへ

カイエ博士（以下カイエ）は一九三三年にブルターニュで生まれた。熱心なカトリックだった父方の祖母が一九〇五年の政教分離法で迫害された後で非宗教的となった医師の父と、ロシア正教だが教会を離れた母を持ち、宗教に反発して育った。影響を受けたのはリセ（日本の高等学校に相当）の哲学教師であり、当時のフランスのインテリの常としてマルキシズムと無神論と実証主義、物質主義がセットになった人物だった。パリ大学の医学部に進んだが、ユダヤ人の教授、カトリック、プロテスタントの学生、トルコ出身の学生などと交流した。パリのカトリックはブルターニュのカトリックよりも自由であると感じた。二三歳で幼なじみと結婚する時、婚約者の母から勧められた洗礼を断り、カトリックの神父からの祝福のみ受け入れて、生まれる子どもには洗礼を受けさせると約束してそれを守った。アルジェリア戦争（一九五四〜六二）に徴兵されたが予備士官としてブルターニュで父の友人である外科医の助手となり、退役後インターンを経て私立の大手クリニックで産科泌尿器科の外科医として勤務した。一九六七年、フリーメイスンのメンバーである議員リュシアン・ヌヴィルトが提出した中絶解禁法案が国会を通過したことは社会にとって大きな前進であると考えた。

一九六八年の五月革命の季節、鬱病になった妻から離婚を申し立てられた。その頃習いはじめていたロシア語の教師がフリーメイスンのグラントリアンのグランド・マスター（以下、最高位はマスター、一般の位階としては親方《マイスター》、またはマイスターと表記）、ポール・アンクシオナスの友人であり、カィエには価値を発揮できる精神的な家族が必要だと言って、フリーメイスンとコンタクトすることを勧めた。

イニシエーション

パリ九区のカデ通りにあるグラントリアン本部に出向いたカィエに、グランド・マスターは、カィエの哲学的傾向も職業もメイスンの精神に合致していると保証した。グラントリアンが人権の保護者であること、すべての思想システムに寛容であること、フランスの共和国理念である「自由、平等、友愛」を用意したこと、メイスン同士の揺るぐことのない連帯なども誇らしげに語られた。グランド・マスターはカィエにパリでエリートのロッジに入ることを勧めた。重要人物に会えるし、パリでは地方よりも秘密が守られる。しかし、二週間に一度の会合に出席することが義務づけられている以上、高速鉄道の開通していなかった当時にブルターニュからパリに通うことは不可能だった。結局レンヌの「完全なる統一」という由緒あるロッジのマスターと会うことになった。印刷業を営むマスターは、イニシエーションの道を進んでいくと「光明」に照らされ、古代カルデアやエジプトよりも古い原初の伝統の知識を授けられるだろうとカィエに言った。カィエは履歴書や写真を渡し、数名の高位メイスンと面談した。その間、一年にわたって、三名の調査員が身分を隠して自宅にやってきた。一人目は家族関係の調査、二人目は職業的社会的行動の調査、三人目は知的霊的な傾向を確認するためだった。こうして一九七〇年初め、入会のイニシエーションのために召喚された。三六歳のカィエはそれまで政党にも組合にも属したことがなく、イニシエーションとはどういうものかという知識はまったくなかった。

ある夕方、裏通りにある、翼のあるスフィンクスと真ん中に目がある三角形に飾られた扉をたたくと、六〇がらみのダークスーツにネクタイ姿の男が出てきて一階の部屋に案内し、入会したい気持ちに変化はないか、これから与えられる試練をくぐる用意はあるかと冷ややかに尋ねた。カィエがうなずくと、黒い布で目を覆い、腕をとって廊下に連れだした。男はそれから口をきかず、階段を下りていく。後ろでドアが閉められる音がした。目隠しがはずされると闇のなかでろうそくの明かりに男の顔が浮かび上がっていた。一枚の紙を渡され、間もなく命を落とすと想定したうえでの「哲学的遺書」を書くようにと言われた。さらに、偽りの輝きを象徴する硬貨、腕輪、メダル、腕時計などすべての金属を身から外すようにと申し渡され、カィエは従った。

「ムッシュー、『地』の試練はここでおこなわれます。この地下室はあなたの死の象徴です。ここで一人で暗闇と沈黙のなかでろうそくに照らされるシンボリックなオブジェの意味を考えてください。そして三つの問いに答え、最期の願いを書くかたちで遺書を仕上げてください」と言って男は去った。艶消しの黒に塗られた壁に囲まれ、時計がないので時の経つのを確かめるすべもなく、カィエは不安に駆られた。これから見つけるであろう「賢者の石」を意味するかのような三つの皿に入れられ

参入の儀礼

た塩、硫黄、水銀、一杯の水、砂時計、テーブルの上の頭蓋骨と壁にクロスされた脛《すね》の骨二本と「V.I.T.R.I.O.L.」の文字。

この時のカィエにはわからなかったが、この文字はVisita Interiora Terrae Rectificando Invenies Occultum Lapidem というラテン文の頭文字で、「地中を訪れなさい、修正することで隠れた石を見つけるだろう」というのは、フリーメイスンの根源にある継続性、生と死の循環性を表している。王が死んだと宣言すると同時に次の王に万歳を叫ぶ儀式と同じで、世俗の存在が一度死ぬことと新たなフリーメイスンが誕生することが同義となる。メイスンの価値観はイニシエーションによって継承されていくのだ。「V.I.T.R.I.O.L.」は中世やルネサンスの錬金術師が、宇宙のアナロジーの知識によって救済を得ることを求めて使っていた呪文であると言われ、フリーメイスンの志願者が、深い内省によって自己の向上を可能にする成長の場に参入を許されることを意味する。真の自己に到達するには共感、交流、分かち合いが必要とされる。

哲学的遺書には三つの質問が記されていた。

「人間の自らに対する義務、家族に対する義務、人類に対する義務とはあなたにとってなにか？」というものだった。それまで、義務ではなく自由と権利の拡大ばかりを求めてきたカィエにとっては思いがけない問いだった。カィエは、自分への義務は受けた教育や古いタブーによる罪悪感から自由になって自尊の念を持ち知識を増やし仕事によって完成すること、家族への義務は、自分の自由を失わないままで物質的セキュリティを保証し妻子を幸せにし、弱った両親を助け、子どもたちが自由で自立した人間になるのを助けること、人類への義務は出自や価値観にかかわらず、他者をリスペクトするすべての人間をリスペクトすること、デモクラシーと自由のために戦うことだと書き込んだ。そして「最期の言葉」として「自分自身として死ぬこと。無知から知へ、罪悪感から明晰へ、偏見やタブーによる支配から法的義務以外の強制を受けない自分と自分の人生の統御、すなわち、神もなく、主人もない自分であること」と書いた。

「新入会員に光を！」

静かにドアがノックされて案内の男がふたたび姿を現し、書いたものを受け取って、メンバーがそれを見てカィエが入会に値するかどうかを決めるのだと言った。少し経って案内人が戻り、イニシエーションに至る試練をつづけることをマイスターたちが決定したと告げた。カィエは上着を脱がされ、ネクタイを外され、首に縄をかけられ、ワイシャツの左側を片肌脱ぎにされた後、ズボンの右脚を膝までまくり上げ、左足の靴下を脱げと言われた。上質のスーツをシックに着こなしていたカィエにとっては屈辱的ともいえる姿になった。ふたたび黒い布で目隠しをされて、階段を上がっていった。突然足を止められるとドアを三度叩く音がしてドアの内側から「我々の仕事の邪魔をするのはだれか？　兄弟たちよ、剣をとって防御の体勢をとりなさい」という声がした。案内人が、「我々の会の秘跡と特権に加えてほしいと自由な意思で頼んでいる謙虚な人間を連れてきました」と答えた。さらに志願者の誠実さを保証できるかという問いがあり、志願者は「地」の試練に打ち勝ったところだと案内人が答えた。きしみながらドアが開くと首を押さえられてかがんだ姿勢で入室させられ、さらに胸に剣先を突きつけられて、その剣は会を裏切った時に心を切り裂く後悔のシンボルであること、黒い目隠しは情熱に支配され無知に沈んでいる人間の象徴であること、この会では我々は真実の探求と人類の知的社会的完成と物質的道徳的向上の連帯のために休むことなく働くのだと申し渡された。さらに、マイスターたちの智恵をどうしても獲得したいのなら右手を会憲の上に差し伸べて、命にかけても会憲と会員をリスペクトするとまず誓い、試練が終わった後で署名しなければならないと告知された。

ゆっくりと前進するとようやくその声が、前に会ったことのあるマスターのものであると気づいた。会憲の中身や誓いについては聞いたことがなかった。内容を知らずに誓うことになる。誓いの後でグラスを渡されて飲むように言われた。不味《まず》さに吐きそうになったが、その苦さこそは誓いを破った時の心の苦さだと言われた。つぎに「旅」をつづけるように言われ、ふたたび手を取られて歩き出したが、メンバーたちが椅子を一斉にがたがたさせるすさまじい騒音のなかで、傾いたり動いたりする床や障害物の上をよろよろと進まねばならなかった。「南の柱」の通過を許可された後は障害物がなくなった。それまでの行程は雑音が多く困難に満ちた人生を象徴していてそれを乗り越えるのはメイスンの兄弟の助けが必要だという意味だった。

つぎが「風（空気）」の試練だ。首の縄は外されたが目隠しをされたままで突然強い風に吹き飛ばされそうになった。それはエゴイズムを一掃するものだと言われた。つぎの「旅」がはじまり、剣の交わる響きが聞こえてきた。急に止められて「北の柱」を通過する許可がでた。徳の実践により行程は楽になったが剣の響きに象徴される人生の戦いは終わっていない。つぎが「水」の試練で、右手に冷たい水が流された。「この水が君のイマジネーションから来るファンタズム（妄想）を洗い流すように。ヘラクレスがアウゲイアスの馬小屋を洗ったように」と説明がなされる。つぎに静寂のなかを長方形を描いてゆっくり歩くと出発点に戻った気がした。マスターがこの静寂は到達すべき冷静と平穏の境地を表すものだと告げ、いよいよ最後の「火」の試練に入ると宣告した。カィエの心臓は高鳴り、裸の左腕がつかまれて、炎の上にかざされた。思わず引っ込めようとしたがしっかり押さえられ、毛が焼ける匂いがした時、「君のくぐった炎は君の浄化を補うもので、この高貴な集会のメンバーと君をつなぐ兄弟の友愛を君の心に灯すものでもある。聖所に入る前の三度のノックの意味は、『願えば与えられ、探せば見いだせ、叩けば開かれるだろう』というものだ。まだ入会を希望するか？」と問われ、疲れ切ったカィエは「ウィ」と答えた。いったん外に出て、服装を整え、ふたたびかがみながら聖所に入る時、この集まりにもし敵の姿を認めても、手を差し伸べて過去を水に流す用意があるかと聞かれた。まちがいなく、と答えると、「新入会員に光を！」の声とともに目隠しが外され、松明《たいまつ》に煌々と照らされた長方形の部屋の奥、壇上の光る三角形の後ろにいるマスターの姿が見えた。

兄弟たちの連帯

両側には前垂れ《タブリエ》と青い襷《たすき》姿のメンバーがずらりと並んで眩《まばゆ》い剣先をカィエに向けていた。マスターが「兄弟よ、この剣は君が裏切った時に受ける報いを表すとともに、このロッジの兄弟たちが人生の困難において君を守ることも表している」と言うと同時に全員が微笑んで剣を下に置き、胸で交差させた手をつなぎ合った。それは世界中に散らばる兄弟たちの連帯を示すのだという。カィエがメンバーを見渡すと、知り合いの医者がいて、カィエの頬に三度接吻しマスターのもとに同行した。カィエは目を通すこともなく誓約書にサインした。マスターは机の上の定規とコンパスと会憲を示し、「ロッジのなかではいかなる真実も論議の余地ないものではなく、いかなる信仰も懐疑の対象になると君は学ぶ」と言い、左手に剣を持ち、剣先をカィエの頭につけ、右手に持った槌《つち》で剣をたたきながら「私はあなたを創造する」と言い、左肩につけて「私はあなたを築く」と言い、右肩につけて「私はあなたを『宇宙の大建築家（GADLU＝Grand Architecte de l'univers）』の名においてこのアトリエに職工見習いとして受け入れる」と宣言した。白い革の前垂れと白手袋を渡され、互いを確認するために親指で相手の人差し指の第一関節を三度押す握手の仕方が伝授された。つぎに聖なる言葉「Jakin《ヤキン》」（ソロモン神殿の柱の名）とそれに「私は読み書きできません。最初の文字を教えてください、つぎの文字を言ってみせます」と答えねばならないこと、また半年ごとに変わる合言葉も伝えられた。第一ステップの説明パンフレットと、最も尊敬する女性に贈るようにと一輪の薔薇《ばら》も渡された。

西側のドアに連れていかれると、最初は腰をかがめて入らされたものが普通の高さの入り口だったことがわかった。その両側にいる門衛役の「兄弟」が右手でカィエの左肩を三度たたいた後で体を抱いた。もう一度東のマスターの方に戻ると全員が、右手を両肩に触れてから上にあげる直角定規のかたちのしぐさをしてから三度拍手して「自由、平等、兄弟愛」と唱和した。ロッジ内では全員が二人称の親称を使うことに合意するかと問われ、応諾すると、指輪、腕時計、財布が返却され、「金銭的豊かさは人の進歩に必要なものではなくモラルの向上の妨げにすらなる」とのコメントが付け加えられた。それから北側の自分の場所に連れられていった。見習いは親方《マイスター》たちより前列に並ぶのだった。東のマスターがカィエの提出した「遺書」を剣先で突いて持ち上げ、火をつけて燃やした。過去の証言を燃やすことで浄化して将来に信を置くのだという説明がなされた。

その後で、マスターと門衛のメンバーとのあいだで、「フリーメイスンは何時まで働くかね」「零時までです」「今は何時かね」「零時です」というやりとりがされて、カィエの最初の会合は終了した。その後で地下の部屋でカィエの入会を祝うパーティがあり、アルコールの他に、会員が妻たちの用意したものを持ち寄った惣菜が供された。

カィエは薔薇の花をその頃つきあうようになっていた看護師クロードに贈った。カィエはすでに裁判所から妻と三人の娘のいる家を出て養育費を払うように判決を受けていたのだ。それからの一年、月に二回の会合に必ず出席した。市松模様の床、星の描かれた円《まる》天井、さまざまなジェスチャーや典礼にも慣れてきた。入室する時は一人一人、親指を直角に開いて定規型にした右手を喉の下につけ左腕は脇に沿って下ろし、右足から三歩ずつ進んではかかとを直角に合わせるのだ。会合ではメンバーが自分の用意したレポートを発表するが、それを途中で遮ることはできないし、発言はすべて議長であるマイスターを通さなければならない。コメントは三度許され、拍手はなく、「五つの光」と呼ばれる高位のオフィサー・セクレタリーが要約して終わるのだった。カィエが最初に選んだテーマは「戦争の起源である攻撃性について」というものだった。それは同種内で争っても相手を殺すことはない動物の場合と人間を比較したもので、フランスの死刑制度廃止をめざす活動の一環だった。

「三角形が紋章であるのはなぜか？」

一九七一年四月四日、カィエは職工にグレード・アップされるイニシエーションのために呼び出された。まず質疑応答からはじまる。

「君はフリーメイスンか？」「兄弟たちはそう言っています」。「メイスナリーの原則は何か？」「互いの寛容、自分と他者の尊重、信仰の絶対的自由、真実の探求、ただし何人も真実に到達したとか確実に識っているなどと言ってはならない」。「サインは？」「（ジェスチャーとともに）定規のかたちで。まず水平にそれから縦に」。「その意味するところは？」「私に託された秘密を暴露するよりは喉を切られた方がよい」。

「三角形が紋章であるのはなぜか？」「三角形は三つを一つに結びつけるから、幾何学の基本形であり、大きい距離を測ることで科学の基礎のひとつとなるから」。

「議長の後ろで東に位置する三角形が光っているのはなぜか？　目の意味は？」「その三角は人類を照らし、さらに明るくしつづける科学のシンボルで、開いた目は人類を導く良心と、観察する知恵、善の原則を用意し、悪を見定めて打ち勝つことを表します。それはいまだ苦しむ人類がそのなかで戦っている闇をいつの日か晴らす光を喚起するものです」。

「ロッジが公正で完全なものであるにはどうすればよいか？」「三人が指導し、五人が照らし、七人が公正と完璧のために働きます。少なくとも七人は継続して働かねばならないということです」。

「君は何歳かね？」「三歳です（見習いという意味）」。「何を望んでいるかね？」「職工の仲間に加えてもらえる名誉です」。

　このようなやりとりの後、いよいよイニシエーションがはじまったが、最初のような目隠しもなく、五感、アート、科学、人間性、労働の栄光などの価値が示唆され、「G」という文字が意味するもの（幾何、重力、世代、天才、グノース）、燃え盛る五つの放射をもつ星の意味するもの（意志と知性によって宇宙を支配する人間）が伝授され、手を心臓においてからの定規のジェスチャー（秘密を暴露するなら心臓をもがれてもよい覚悟を表す）と、親指で相手の人差し指を五度押す新しい合図（これで五歳になった）も教えられた。入会の折と同じくらいの仰々しさを予想していたカィエは少し失望したが、それ以来、議長とも親しく話せるようになり、妻から求められている高すぎる養育費について相談した後で、しかるべき人脈を紹介してもらえた。その年にカィエは社会党にも党員として登録した。その後で「生命の起源」についてロッジで発表し、創造説を否定してテオドル・モノーの偶然と自然選択説を擁護した。

それが評価され、八ヵ月後にようやく親方《マイスター》昇進のイニシエーションを受けることになった。扉が五度たたかれ、議長の方に五歩進み、定規のジェスチャーの敬礼をし、「職工の知識」について自分の解釈も加えた質疑応答がなされた後でいったん部屋から出された。ふたたび呼ばれて入室すると、いたるところに髑髏《どくろ》が染め抜かれた黒い布が張り巡らされていた。中央に置かれたやはり黒い布で覆われた棺の前に連れていかれ、マイスターとして受け入れられることになったと告げられた。ソロモンの神殿を建てる際に石工たちを「見習い（徒弟）、職工、親方（マイスター）」の三群に分けてそれぞれを確認する合図を伝授したという建築家ヒラムの伝説が三人の指導メイスンによって披露された。ヒラムを殺害しようとした三人の石工の話がされて、職工の前垂れをつけた三人のマイスターがその役を演じて、ヒラムの役は議長が演じた。物差しを持った職工が西側に、定規を持った職工が北側に、槌を持った三人目が東側に、議長は中央に立った。「仕事の終わったヒラムが西の門から出ようとする」と、立ちはだかる職工が親方になる合図を教えろとヒラムに迫る。それは他の親方たちの合議以外ではできないと断ると、物差しがヒラムの肩に振り下ろされた。ヒラムは北に逃れ、同じことが起こり、定規が首を打つ。傷ついたヒラムは東に逃げて、最後の職工に阻まれ、「死んでも秘密は守る」と答えて頭に槌の一撃を受けて倒れて黒い幕の後ろに去った。

三人はヒラムの体を町の外に埋め、つぎの朝、親方たちが集まって血の跡を見つけ、ヒラムの探索に出発する。ここで親方のメイスンたちが四方に分かれて歩く。掘り起こされた土とアカシアの小枝を発見した親方たちは、そこがヒラムの埋められたところにちがいないこと、殺人者が秘密の言葉を知ったかもしれないから、これから遺体を発掘した時に最初に出てくるしぐさと言葉を新しい秘密としようと合意しあう。棺の覆いを外して遺体を見つけた衝撃で彼らは両手を合わせた腕を頭の上にあげ「Mac《マク》 Benah《ベナク》!（肉が骨を離れた！）」と叫んだ。「これがわれらの親方、ヒラムの遺骸だ、嘆こう！」他の親方たちも唱和する。

「兄弟たちよ、苦しみにピリオドを打とう、アカシアが我々に残された。これこそは隷属状態から自由になった人間の象徴である」

そしてそのアカシア（実際は花をむしられたミモザの枝だった）がカィエの手に渡された。議長がふたたび姿を現し、ヒラムの伝説の意味に隠されたモラルの教えを解き明かした。義人は命を懸けても仕事を遂行すること、ヒラムは弟子のうちによみがえった、特に新しい合図《サイン》を獲得した人びとのあいだによみがえったこと、各自が人類の完成のために努力すること、努力は決して無駄ではなく何世紀もかけて完遂されることだ。ヒラムを殺した三人は無知、妄信、偽善という三つの悪徳を表している。一致して協力した三人のマイスターはそれとは対極にある三つの徳、すなわち勤勉、寛容、完全な忠義を表し、協力することの効用や忍耐、自発的規律も示している。

つぎにカィエは「アカシア」の上に右手をかざし、見習いや職工が知的道徳的解放のために働くことを助けることと、マイスターの儀式について決して口外しないことを約束させられた。

カィエの頭上に剣がかざされ、「フランス・グラントリアンの名と保護のもとに、私に与えられた力によって、メイスナリーのすべての権利を享受するために君をマイスターとして受容し承認する」という言葉とともに槌が振り上げられて、剣の刃を九度打った。グランド・エキスパートと呼ばれるメイスンがカィエを抱いた後、青い縁取りのある白い革の前垂れが渡された。表にはMac Benahを表すM.B.のイニシャルが書かれ、髑髏が描かれた黒い布に裏打ちされていた。先端の赤い薔薇の留金に定規と交差したコンパス型の飾りが下げられた波紋の青いスカーフも渡され、合言葉Gabaon《ガバオン》と聖なる言葉Mac Benahが告げられ、第三段階の規則本が渡され、右手を左腰から右に動かして上にあげるしぐさの後、すべてのマイスターが、三度ずつ三拍子の拍手をしてハッハッハッと三度歓呼を唱和した。

これでカィエは晴れて「フリーメイスン」になったのだ。すなわち、ロッジ内の「士官」にもなれるし、フランス中のどのロッジにも参加することができる。さらにフランス主要都市のロッジの場所を書いた極秘リスト、他の場所を訪れる際に上着の襟につける金色のアカシアの葉型のピンバッジが渡された。その後は通常の儀式がつづき、いつも通り地下での飲食（アガペ）で盛り上がった。アガペの後でさらに町のバーに繰り出すことも多かった。

薔薇十字の騎士

カィエの離婚裁判がおこなわれ、相互責任の判決が出て養育費は軽減された。クロードも離婚が成立したので二人は市役所で再婚し、クロードの息子とカィエの三人の娘のうち一人がともに暮らす新生活がはじまった。ロッジでカップル認証のセレモニーが執り行われたが、女性禁制のロッジにクロードは入ることができなかった。カトリック信者であるクロードにとって、教会で結婚式をあげることができず聖体拝領もできないことは大きな苦しみだった。

一九七三年にロッジの会員が八〇名を超えたので分離することになり、カィエは三〇名からなる新ロッジ「伝統と進歩」に移り、「第一門番」に選出された。その翌年は、産婦人科医であるカィエにとって、フランスで人工妊娠中絶が合法化される記念すべき年になった。フランスのもう一つの主要ロッジであるフランス・グランド・ロッジ（GLDF）のグランド・マスターである医師ピエール・シモンは、カィエも属する「家族計画」機関の議長でもあり、フランスで毎年三〇万件の非合法中絶がおこなわれている実態を訴えてこの法案を推進していた。この年の五月に選出されたジスカール＝デスタン大統領はグラントリアンのグランド・マスターであったジャン＝ピエール・プルトゥを顧問にした。

一〇月、カィエは所属するロッジのトップ・マスター（尊師）に選出され、青い襷をつけてロッジを運営するようになった。入会志願者には多くのカトリック信者がいたので、メイスンの寛容と非宗教性と開放性という原則を受け入れるか、カトリックの教義を疑問に付すことも受け入れるかを確認することにした。カィエはグラントリアンの国内集会の代議員にも選ばれた。

中絶合法化の法律は一九七五年の初めに施行された。右派のメイスン議員も左派のメイスン議員も一致団結した結果だった。カィエはブルターニュではじめて妊娠中絶を施した産科医となった。その年の初めにグラントリアンの総長（グランド・マスター）がレンヌを訪れて、地元新聞（カトリック社会主義に近い）のインタビューを受けた。匿名にするという約束があったにもかかわらず、翌日の紙面には、レンヌにある二つのロッジの一つの代表であるカィエの写真が出ていた。この後でクリニックから辞職を勧告されたが、カィエはこれまでの実績の高さを理由にそれを退けた。この記事でカィエがメイスンだということが知られた後、薔薇十字団のメンバーから接触を受けた。フリーメイスンのイニシエーションは薔薇十字団という、もっと上の段階に進むための出発点でしかないと言われた。薔薇十字団での修行は夫婦一緒にできるとも言われたのには心を動かされた。カィエは、まず通信教育で薔薇十字団のセオリーを学びはじめた。信教の自由や世界的兄弟愛、原初宗教から発する人類愛などフリーメイスンと共通したものが多く違和感はなかった。

薔薇十字団の教えは宇宙的な汎神論だった。イエス・キリストは一二歳から三〇歳までエジプトとチベットの秘教教団でイニシエーションを受け、十字架上では死なずにカルメル山で教えを説きつづけたというセオリーもあった。修行というのは大部分が自分で超能力を開発することで、見えない世界とコンタクトする自己暗示術やオーラを見る力、人や物を遠隔操作する力などの獲得をめざしてポジティヴ・シンキングが勧められた。夫婦で何度か会合に出席したが、ほとんどリーダーの独演だった。そこで「錬金術師」や「魔術師」、「治療師」らと知り合った。ニューエイジ系の本もいろいろ読んだ。

一九八一年に社会党のミッテランが大統領になり、一二人のメイスンが閣僚になると若い議員の入会希望者が増えた。すでに社会党員だったカィエにはいろいろな使命が託された。しかしそんなカィエを嫉妬するメイスンも少なくなかった。カィエは、男女共同の「人権」ロッジやフランス・グランド・ロッジ女性支部の会員がグラントリアンを訪問できるようにする提案をして受け入れられていたが、もともとマッチョな男性社交クラブをベースにしていたメイスンには産科医でフェミニストであるカィエを疎むものが多かった。

それでもようやく一九八二年になって、「見習い－職工－親方」のつぎにある第四段階に召喚された。メイスンのなかには一生この段階に進まない者がいるばかりか、その存在さえ知らない者もいる。第四段階から第一七段階までは理論の勉強だけだった。ようやく第一八段階のイニシエーションに召喚された。第一八段階は「薔薇十字の騎士」と呼ばれるもので、フランス典礼の最高位、改定スコットランド典礼では「聖アンドレのスコットランド・マイスター」に相当する。イニシエーションではマイスターになった時と同様にホールに黒い布がかけられていた。崩れた神殿、倒れた柱が表現され、光る文字で聖書にある「信仰、希望、愛」とあったので驚いた。しかしそれは「人間への信頼、よりよい人間性の期待、ギリシャのアガペ（神の愛）に近づく普遍的連帯」を表すものだという説明があった。さらに、第一三段階「王のアーチ」で発見された「パロル」は第一七段階の「東西の騎士」で失われたが、ソロモン神殿の上方にあるエノク神殿のなかでメイスンによって再発見されたもので、それはYHWHという四文字であると告げられた。ヨハネによる福音書の最初にかたられる「ロゴス（言《ことば》）」とは万物の調和と比率のことである。ロゴスとはメイスンが築く宇宙神殿の建築のことなのだ。

カィエは「賢人」に連れられて他のマイスターとともに上方の小ぶりのホールに移った。そこには赤い布がかけられていた。その扉の番人は「賢人」に、「三三歳」だと答え、燃え盛る星が消え石工の道具が散逸した時に失われたパロルを皆が探しに来たのだと答えた。皆がヘブライ語で救い主という言葉を唱和し、「賢人」が赤いシーツに刺繡された「典礼のグランド・カレッジ」という文字と、中央にＩＮＲＩと書かれた正十字の上に置かれた薔薇をカィエに見せた。「典礼のグランド・カレッジ」は全フランス共通の司令官がいることと、ふつうはイエス・キリストを示すＩＮＲＩ（Iesus

Nazarenus, Rex Ivdaeorum: ナザレのイエス、ユダヤの王）がそこでは「Igne Natura Renovatur Integra」（火のなかで自然は再生する）という意味であること、十字の上の薔薇は知識が人間の精神によって養われて美しく咲くことを表しているのだと告げられた。

「薔薇十字の騎士」を宣言されたカィエに、四半円の分度器にコンパスと薔薇十字が配された飾り付きの交差してかける赤い襷が授与された。白い前垂れには赤でペリカンが刺繍してあった。ペリカンは子を養うために自分の脇腹を開くという犠牲のシンボルでメイスンが命を懸けて兄弟たちを守ることを示している。よき牧者としてのジェスチャーは立って腕を胸の前で交差してそろえた指を肩にあてるというものだった。グレードを示す合図は人差し指で天と地を交互に指すもので、「上にあるものは下にあるもののように、下にあるものは上にあるもののように」というヘルメスの言葉を示すものだった。合言葉は「エマニュエル」でそれには「深い平和」と答える。エマニュエルとはエルが我々とともにあるという意味で、エルとは人間と宇宙を結び大きな全体を生かすエネルギーを象徴するものだ。二つのロッジで合わせて二〇人ばかりの騎士たちが合言葉を囁きながらカィエに三度接吻した。つぎに地下に下りてワインを回し飲む「最後の晩餐」がおこなわれた。楕円形のテーブルは祭壇、テーブルクロスは絨毯、ナプキンはマフラー、水差しは甕《かめ》、グラスは聖餐杯と言い換えられた。

カィエはその後、パリで開かれる全フリーメイスンの上級公務員兄弟会の集まりに出席した。そこではグラントリアン、「人権」ロッジ、フランス・グランド・ロッジの他、公認されていないと思っていたイングランド・グランド・ロッジ系列のフランス・ナショナル・グランド・ロッジ（GLNF）のメンバーもいた。会合は典礼抜きのもので報告者が発表しているあいだ、メンバーたちは傾聴することなく互いに情報を交換し合っていた。政府の高官や与党議員、知事、官僚の他、野党議員も一〇〇名近くいた。野党の党首ジャック・シラクの祖父はスイス・アルピナ・グランド・ロッジのメンバーであったと言われていた。

この他に、マイスターが七人集まれば非公式のグループを作ることができることもわかった。そこでのやりとりはロッジに報告する義務はない。そこで魔術の実践がおこなわれることもある。またフランスの主要都市にはそこのロッジのうち社会的に最も影響力を持っているメンバー五〇人からなる五〇人クラブというものも存在していたが、彼らの会合はロッジの神殿ではなく高級レストランの貸切会場で開かれるのだった。その他に、非公式の職業別やら利害関係別の兄弟会も組織され、なかには同性愛者による下部組織も存在した。その多くは汚職やスキャンダルの原因となりグランド・マスターから弾劾されたり実際に摘発された事例もある。

第四段階であるハイグレードの活動は「見習い‐職工‐親方」のグループにはいっさい知らされず、メンバーを選出するグランド・イニシエや評議会員の名も秘密にされる。フリーメイスンはフランスの公認非営利協会なのでその会長である任期二、三年のグランド・マスターや財務官、書記官らの名は公表されているが、人事にもっとも影響力のある終身の「大司令官」の名は公表されない。

心境の変化

カィエはメイスンの人脈により、一九八三年に設立された「健康と環境監視機構」の地域代表となり最初の全国大会をオーガナイズするなど五〇歳で社会的なキャリアの頂点に達した。しかしそのことで職場の上司の嫉妬を買ったこともあり、勤務先の労働組合の人間関係のもつれでハラスメントを受けるようになった。同時に妻のクロードが消化器系の難病で入院した。

回復しないクロードをルルドの巡礼に連れて行こうと決めたのはカィエだった。科学主義者、合理主義者で反教権主義のフリーメイスンであるカィエのこの提案を心配したのは、カトリック信者だが「奇跡」を信じていないクロードの方だった。しかしこの時のルルドで水浴をするクロードを待つ間にミサに出席したカィエは最初のイニシエーションの時にきかされた「求めよさらば与えられん」という言葉がイエスのものだとはじめて知って驚いた（「求めなさい。そうすれば、与えられる。探しなさい。そうすれば、見つかる。門をたたきなさい。そうすれば、開かれる」マタイによる福音書七―七）。イエスは賢人の一人かもしれないが主であるとは思ったこともなかった。カィエは自分がルルドに何かを求めに来て与えられようとしているのだという気がして、どんなイニシエーションでも得られなかった光を受けたと思った。クロードも奇跡の治癒はなかったが心境の変化があった。

レンヌに戻った夫妻は以前からの知り合いの正教徒に正教の司祭を紹介してもらうことにした。メイスン、オカルティスト、再婚者のうえに妊娠中絶手術までするカィエをカトリック教会が受け入れてくれるとは思わなかったからだ。母方の祖母が正教徒であった縁も思い出した。その後、つぎのメイスンの会合でカィエは自分がキリスト教に「回心」したことを仲間に告げたが、誰からもコメントがなく冷ややかに受け止められた。

正教の洗礼を受けて、イニシエーションでは得られなかった霊的な満足を得たが、その後ふたたび職場でモラル・ハラスメントを受けるようになる。正教信者の仲間には、第二ヴァティカン公会議のカトリックの普遍的立場に失望して改宗した人も多く、薔薇十字団員の他、近代テンプル会やマルティニストたちがいた。古式カトリックの司祭だった治療師もいれば白魔術師や道教の実践家もいた。もともと古代ケルト人に由来する民間信仰を色濃く残したブルターニュのような地域では、それらを習合したはずのカトリック教会が「近代化」しすぎたように感じている人びとの受け皿として、正教会や各種の秘密結社が機能していたわけだ。

クロードの病状がよくなりつつあった夏、カィエ夫妻はベネディクト会修道院に立ち寄って聖歌を聴いた。その後でクロードの症状が楽になったので教会の門番の修道士にそれを話すと、ちょうどフランスの音楽療法の草分けであるトマティス博士が修道院に滞在していること、彼がある種の聖歌に治癒効果があるとしていることを知らされた。また、ここで夫妻はイヴ神父と出会った。イヴ神父によってキリストの説いた寛容を知ったカィエには、フリーメイスンの寛容はその劣化した使いまわしにすぎないように思えてきた。

バカンスの後でカィエはふたたび不当解雇の圧力と戦わねばならなかった。社会党の同僚でありメイスンでありレンヌ市長でもあるエドモン・エルヴェ厚生大臣に調停を頼んだが助けてもらえなかった。それでもカィエはロッジでの集まりに参加することはやめなかった。フリーメイスンの掲げる「寛容」と「連帯」をテストしてみたかったからだ。ロッジでも崇敬されている聖ヨハネの祝日に「イエス：神話かイニシエ（イニシエーションを受けた人。ここではイエスがエッセネ派の秘教団のメンバーであったという説を受けている）か」というテーマで論文を書いて発表した。メイスン好みのグノーシス主義にも触れてはいたが、それはキリスト教が人類を「神話時代」から脱皮させ、神が一人一人のなかにあることを示したものだという説だった。発表のあいだに聴衆の沈黙が義務づけられているはずのロッジで低い嘲笑や野次が飛びかった。カィエはイヴ神父がフリーメイスンとカトリック、正教の教えは両立しないと言ったことを思い出した。神父からは唐突な断絶を避けて健康問題を口実にして遠ざかるようにとアドヴァイスされていたのだ。

カィエは実際に鬱状態に陥り、休職することになったが、職場に対して起こした訴訟は顔見知りのメイスンのいる裁判所から書類不備を理由に拒絶された。メイスンのロッジから遠ざかった後もニューエイジ系の集まりには参加していて、その流れで、第二次大戦中にも見えない世界とコンタクトを取り超能力を発揮したカトリックの修道女イヴォンヌ・エメ（一九〇一～五一）の存在を知ったり、カナダのカリスマ派カトリック司祭タルディフ神父が大規模ミサで聖霊によって病者を癒すのも目撃したりして、カトリック教会と神秘主義の親和性を見直した（一九九九年に死んだタルディフ神父は現在列福審査中）。さらに一九八六年にローマ法王ヨハネ＝パウロ二世がローマのシナゴーグを訪問したことを知り、カトリック教会が第二ヴァティカン公会議以来謙虚に再生したという印象を受けた。その後夫妻はカリスマ派の教会のミサに出席して、ユダヤやビザンチンの伝統にインスパイアされた豊かなイメージにあふれる典礼に心を奪われた。

フリーメイスンの哲学とカトリック

カィエは結局カトリックへと改宗したが、今度は離婚と再婚によって「不倫状態」にあるとみなされて聖体拝領から遠ざけられるという試練に出会った。一九八八年、カィエはクリニックを相手にした訴訟に勝訴して、慰謝料を受け取ることになった。同時に、多くの司祭の助けによってローマ法王から「信仰のために」カトリックであるクロードとの結婚（カトリック教会の秘跡としての）が許可されたという報告を受け取った。クロードは、二人が最初にルルドに行ったとき、カィエが彼女の治癒を祈っていたあいだに彼女の方はカィエの改宗を祈っていたのだと打ち明けた。二人は教会で結婚式を挙げた。

その後で、鍼灸の資格を持つ若い女医と組んでタラソテラピー（海水スパ）のセンターを開いたが、クロードが按手《あんしゅ》による癒しの力を発揮しはじめたので、レンヌで心身症の医療センターをボランティアで開設することになった。カィエ自身はすべてのオカルト（振り子やラジエステジー）の実践を棄てた。そのセンターにかつてのメイスンの仲間が患者としてやってきては「どうしてロッジに戻ってこないのか、カトリックに改宗したことはメイスンの障害にはならないのに」と質問したが、カィエは「イエス・キリストに出会ったいま、もうロッジで見つけるものはない」と答えた。

その後夫妻はブルターニュの南の島でカリスマ派のグループのリーダーとなり、カィエは自分の体験と「フリーメイスンの哲学とカトリックは両立しない」というテーマの本をつぎつぎと出版し、フランス各地の都市で講演をおこなった。妊娠中絶手術をおこなった過去も悔いて、中絶しようとする女性のために祈った。

メイスンとカトリックが矛盾しないことを主張する「カトリックのメイスン」たちとの討論はたやすくなかった。人は「よきカトリック」と「真のメイスン」に同時になることはできないというのがカィエの立場だった。ソロモン神殿の建築家ヒラムの伝説は正典にあるものではないし、イエスはユダヤの大祭司に尋問を受けた時に「わたしは、世に向かって公然と話した。わたしはいつも、ユダヤ人が皆集まる会堂や神殿の境内で教えた。ひそかに話したことは何もない」（ヨハネによる福音書一八―二〇）と答えているから、「秘密結社」や「密教」とキリスト教は関係がない。

カィエがメイスンとカトリックが両立しないことを強調するのは、カトリックの聖職者で、メイスンであることを公表した人物がいるからである。

2　ヴザン神父とデブロス神父

神父にしてフリーメイスン

オータンのジャン＝クロード・デブロス神父は、フリーメイスンだったがそれを司教から許可されていたことで話題になった。弁護士でありオータンの巡礼責任者でもあったデブロス神父はフリーメイスンに入会した時三二歳だった。一九九九年に亡くなった時、一二月四日にオータンのカテドラルで葬儀ミサがおこなわれたが、九日、全国紙『フィガロ』紙の死亡欄に、一九八〇年に司教から許可されて以来フリーメイスン（フランス・ナショナル・グランド・ロッジ）に属していたこと、メイスンの位階を昇っていたことなどが詳しく掲載された。カトリック信者なら死亡を神の国への「帰天」というべきところをメイスンの死者が行くところとされている「永遠のオリエント」に回帰したと書かれていた。

カトリック界ではスキャンダルになったが、一九八〇年に許可を与えたという当時の司教はもう世を去っていて、九九年にコメントを求められた司教は、一八日に、地方の司教にはメイスンの妥当性を判断する権利がないとしたヨハネ＝パウロ二世の言葉（一九八三年一一月二六日）を引いた。実際一九一七年五月の教会法では二三三五条にフリーメイスン即破門と明記されていたのが、一九八三年一月の新法からはフリーメイスンという言葉は消えている。教会に反する団体に入り主要な役割を果たす者に対するミサ禁止の罰則規定のみがある。その後、有力司教たちがカトリック雑誌、教区のウェブサイト、単行本などでキリスト教とフリーメイスンは両立しないという見解を打ち出している。カィエ博士の一連の「証言」はそれを内部から補強する立場だった。

ところが、二〇一三年にふたたびスキャンダルが表に出た。フランス・アルプスのアヌシー司教区の司祭パスカル・ヴザンが二〇〇一年からフリーメイスンのグラントリアンで活動していたことを受けて、ローマからの指示を受けた司教により五月二六日付で辞職を余儀なくされたのだ。事の起こりは二〇一〇年に司教のもとに届いた密告の手紙だった。

ヴザン神父がフリーメイスンに所属していると知らされた司教は司祭を問いただしたが、司祭は否認した。ところが翌年ふたたび密告の手紙があり、フリーメイスンから脱会するように勧告された時、司祭は「信教の絶対的自由」によってカトリックとフリーメイスンを両立させると答えた。司教はヴァティカンの教理省の指示を仰ぐことにした。二〇一三年一月一七日、地元週刊誌のサイトのインタビューで、ヴザン神父は熱心な政教分離派だと答え、当時カトリック教会から反対されていた同性婚法案にも賛意を表した。

結局、ヴァティカンの指示により五月に司祭職から外されることになったわけだ。ただしカトリックでは神父の叙階は司教の手によるとはいえ聖霊の働きによっておこなわれるので、神父であること自体を人間の手で取り消すことはできない。メイスンを脱退して教会に戻る道は開かれているが、教区でミサをあげられないだけではなく、本人も聖餐にあずかれないという処置なので、目下のところはいわゆる「破門」に等しい。

このヴザン神父は、当時四三歳の「働き盛り」であり、フリーメイスン脱会を要求されてからはずっとダモクレスの剣を吊るされている心地だったが、まさか本当に「解雇」(半年から一年のあいだ給与が払われつづけるそうだが）されるとは思ってもいなかった、と語る。自分は司祭になるために生まれてきたと召命を自覚しているし、信仰は強固である、もう第三共和政時代のようなフリーメイスンとカトリック教会の対立などない、自分は思想と表現の自由を福音書によってインスパイアされたのだと言う。ヴザン神父がフリーメイスンに入会したのは三一歳で、オータンのデブロス神父の入会時とほぼ同年代だったわけだ。聖職を選択するということ自体が「神からの召しだし」に自由意思で応えたものであるはずだが、三〇代のはじめあたりで革新の風に吹かれて「上司に逆らう」ことを選択することがあるのかもしれない。二人の大きな違いは所属メイスンで、デブロス神父はフランス・ナショナル・グランド・ロッジであり、ヴザン神父がグラントリアンというところだ。

ヴザン神父のスキャンダルについて、フランス・ナショナル・グランド・ロッジの書記長クロード・ルグランは、自分たちの「神」はキリスト教の神ではないが神を信じている、しかしグラントリアンが反教権主義であるせいで目の敵にされているのだ、と語っている（『ル・モンド』紙）。といってもグラントリアンには二万六〇〇〇人の司祭が入会している、と言われている。グラントリアンの方では信仰を問わないのでカトリックでも無神論者でも容認される。「宇宙の大建築家」を認める理神論的な団体であるが、今は公式には理神論を捨てている。メンバーは、自分で公表するのは自由だが、他のメンバーの名を公にすることは禁じられているから、たとえ司祭が入会していても自分で公にしなければ世間にはわからないことになる。ただし活動が派手だったり、今回のように「密告」されたりすれば、今のカトリック教会からは脱会を勧告されるのが基本だと言えるだろう。

教会の務めをちゃんと果たしていて第三者にさえわからなければ、愛人がいようと同性愛者であろうと、小児性愛者（小児性愛は犯罪だから大問題であり、今は告発、粛清、謝罪の対象になっている）であろうと内々で隠蔽されることが多い世界だから、フリーメイスンに属すること自体が「お目こぼし」になっていたとしても、それ自体は特に不思議ではない。

フランスのように政教分離がはっきりした国で「共和国」的な理念を掲げる聖職者がフリーメイスンに接近することも不思議ではない。ただ、ヴザン神父はその言動自体が今のカトリック教会の路線より「過激」で自由主義的だったので、保守的な信者などの不興を買っていたということは大いに考えられるし、それが「密告」につながったのだろう。

信教の自由

一九世紀にはフランス・カトリックの「進歩派」の祖と言われるラコルデール神父という人物がいた。「信教の自由」を普遍的なものとして政教分離を雑誌の記事で唱えた人だが、そのことがフランスの教会でスキャンダルを引き起こし、判断は当時の教皇グレゴリウス一六世に委ねられた。その結果『Mirari Vos』という回勅によって信教の自由、表現の自由が弾劾されることになった。この時のラコルデールもちょうど三〇歳だった。彼は教皇の判断には従い、その後ドミニコ会士になって内部改革をしたりいろいろな説教によって別の道を選択したりしながら戦略を変えていった。フリーメイスンとカトリックは両立する、とか相互補完的だ、と主張するヴザン神父のような二者だけを視野に入れたレトリックにこだわることはなかった。改革の信念がさまざまな困難をかわし、乗り越え、時には引き返したり脇道に分け入ったりしながら少しずつ醸成されていくと、その改革がたとえ自分の代で実現できなくても根をはって次世代を動かした例だ。それでも「信教の自由=フリーメイスン」とむびつく聖職者があいかわらず存在するのだ。そういう理由ではなく単に人脈作りのためにだけメイスンに入会している聖職者たちがいるとしたら、彼らはヴザン神父などよりもっとしたたかで、密告されて活動停止に追い込まれたりなどはしないのかもしれない。

ヴザン神父のケースに戻ろう。カィエ博士の証言からもわかるように、グラントリアンもまだ「宇宙の大建築家」を典礼のなかでは言及しているし、カトリック信者を容認しているのも事実だが、今は、「宇宙の大建築家」に対する崇敬はメンバーになる条件とはしていない。いわば政教分離の「世俗」グループである。だからこそ、逆に、ヴザン神父は、神父としてカトリックの神の信仰と、メイスンとしての活動が補完的で両立できると思っていた。

じつはその前に、今も理神論で「宇宙の大建築家」への礼拝を含んでいるフランス・ナショナル・グランド・ロッジからも「勧誘」されたそうだ。デブロス神父の所属していたロッジだ。そこでは聖書を大切にするという触れ込みだった。しかしその勧誘自体がカルト的で抵抗があった、スピリチュアルな団体では自分の信仰とバッティングするかもしれない、それにくらべてグラントリアンの自由な雰囲気に惹かれたとヴザン神父は語っている。

逆に、オータンのデブロス神父がフランス・ナショナル・グランド・ロッジに加入するのを当時の司教が容認したというのは、そのロッジが少なくとも無神論ではなくて神を信じている団体だから寛大に扱えたのだろうか。しかし、実際は、グラントリアンも「無神論」ではなくて、「宗教の種類も有無も問わない」というだけであるから、自分の私的な信仰は持ちつづけることができる。その点、「聖書」を大切にするというフランス・ナショナル・グランド・ロッジの方がむしろ神学的な問題が深刻だという人もカトリックのなかにはいる。フランス・ナショナル・グランド・ロッジではユダヤ＝キリスト教のレトリックをちりばめた典礼で「宇宙の大建築家」を礼拝させて、メンバーはそれぞれがそこにかってに自分たちの神を重ねればいいという安易なスタンスなので、神学的エラーに陥るというのだ。

また誰でも自分たちの神（仏でも何でもいいわけだ）を思いながら「宇宙の大建築家」を拝するというシンクレティズム、相対主義こそが真のキリスト教の敵だという判断もある。

一方のグラントリアンでは絶対者に帰依する必要がないので、自分の信仰を裏切らずにすむ、とヴザン神父は考えたわけだ。

もちろんヴザン神父が犯した「神父としての違反」は軽いものではない。

まず、一九八三年の新教会法自体からはフリーメイスンを名指ししての禁止は消えたが、同年の一一月二六日に当時の教理省長官だったヨゼフ・ラッツィンガー（後のベネディクト一六世）が、教会によるメイスンへの否定的判断は変わっていない、フリーメイスンに入ることは重い罪の状態に相当すると宣言しているので、ヴザン神父はそれに違反した。

つぎに、入会に際して司教の判断をあおぎ許可を求めることをしなかった。

さらに、二〇一〇年の春に密告されて司教から真偽を問われた時に否認した。つまり嘘をついた。二〇一一年の密告には、彼がメイスンとして講演するという会報が同封されていた。司教はこの段階で、メイスンか教会かを選択するように神父に申し渡した。

最後の違反は、三月七日の最後通牒に従わなかったこと、つまり、神父に叙階された時にした司教への従順の誓いを破ったことだ。

ヴザン神父は二〇一二年の一月に、ことの是非を分別するための黙想行に入り、その結果、自分がまちがっていないという結論に達したと言っている。メイスンの友人たちからは脱会した方がいいと勧められた。しかしそれは自分の絶対の自由に反すると思って留まったという。もともと彼がカトリックの司祭となったのも自由意思だった。自由意思によってある役割を引き受けたからにはそれにともなう義務や拘束も受け入れるということであるから、彼の「自由」原理主義には無理がある。

実際、そもそも現在のカトリックがメイスンを認めないと言っているのは、過去にあった陰謀論のような偏見のせいではない。キリスト教が「神の恩寵によるすべての人の救い」を掲げるのに対して、イニシエーションの儀式により選択的に自力でのステップアップをめざすエリート的なメイスンのシステムがそれに合致してないからである。

知識を獲得していくというグノーシス的なスタイルも、「愛」を優先する教会とは相容れないとする。これは、そもそも近代メイスナリーが発展した一八世紀という啓蒙の世紀にはじめてメイスンを公式に弾劾したクレメンス一二世が、メイスナリーがたとえ悪行をおこなわなくても、「秘密に活動する」ということそのものが啓蒙の「光」への憎悪であると言ったことに呼応する。秘密結社というのが光に対する闇に相当するので啓蒙の精神に反する、というわけだ。一七三八年のことだった。

ヴザン神父は一一歳で司祭職を志したが、最初に影響を受けた司祭から「自由であれ」と言われて、叙階されてからルーマニアで正教に興味を持った。その後オプス・デイ（カトリック系の篤信組織）にも惹かれたというから、もともと「自分探し」系の人だったのだろう。司祭としても、自分には、公教要理《カテキズム》を教えるより人びとに生きる意味を教えることが重要だったと言っているから、スピリチュアル・カウンセラーなどの方に適性があったのかもしれない。長い歴史の波に洗われてチェック機能や自浄機能を数々備えているカトリックのような巨大機構のなかに入ったことの方がおそらくまちがいだったのだろう。

コラム① フリーメイスンと音楽

フリーメイスンと音楽といえば真っ先に挙げられるのがモーツァルトのオペラ『魔笛』だろう。このオペラの楽譜をすべてシンボリックに読み解くさまざまな試みもあるが、確実にフリーメイスン的なものは、イニシエーションの寓話となっているテーマ、一八世紀末に流行したメイスン風のエジプト趣味のなかで繰り広げられる二元論的な善（光である太陽神の司祭たち）と悪（闇である夜の女王）などである。けれどもイニシエーションに到達することのない「世俗の人間」がパパゲーノというコミカルな登場人物で表現されているように、『魔笛』は庶民を対象にした娯楽作品だった。一八世紀後半には、宮廷人を対象にしてフリーメイスンの儀式を音楽化したオペラ作品がさまざま生まれている。それらのオペラは貴族階級のメイスンたちによって企画されたものだ。

一八世紀後半のヨーロッパは、芸術と芸術家とパトロンと鑑賞者との関係が変化した過渡期だった。音楽でも、それまでは教会や宮廷や貴族の館で特別の機会のために作曲されたり演奏されたりしていたものが、ブルジョワや民衆が料金を払って一般公開のホールに聴きにくるという形態がはじまった。特に劇場での演劇やオペラは音楽会よりも民衆の人気を集める大規模な興行もおこなわれるようになった。有力貴族をパトロンにしていた専属の音楽家は許可なしに他のところで働くことはできなかったが、パトロンを離れて一般興行主と契約する「自由業」のかたちが芽生えてきたのである。そんな時代に音楽家、つまり楽器奏者、作曲家、オペラの台本家を含むアーティストたちが頼りにできる場を提供したのが上流階級の社交場と化していたフリーメイスンだった。

モーツァルトも例外ではない。一七八一年に雇い主であるザルツブルクのコロレド大司教と決別した三年後にウィーンのロッジでフリーメイスンに加入している。フリーメイスンは姻戚関係がネットワークを作っているヨーロッパ中の宮廷に広がっていたから、加入すればそのつてをたどってフリーの作曲家となることが可能だったのだ。マリー＝アントワネットに仕えたイタリアのジョヴァンニ・バッティスタ・ヴィオッティや多くのメセナを得たルイジ・ケルビーニなどもこのフリーメイスンを通じてフランスで活躍できた作曲家だ。イタリア・オペラとフランス・オペラのハイブリッドであるグルックの『オルフェオとエウリディーチェ』(一七六二)はメイスンであったハプスブルク家の神聖ローマ皇帝フランツ一世のために創られた。さまざまなオペラがウィーン、ドレスデン、ストックホルム、コペンハーゲン、パリ、イタリア各地から、サンクト・ペテルブルクに至るまでヨーロッパ中で上演された。フリーメイスンはフランス革命が起こるまで、音楽における国際的な自由市場に決定的な役割を果たしたのである。

オペラ『魔笛』に描かれた意匠

といっても、この頃の貴族のフリーメイスンはエリートの社交サロン化していたので、「平等」の建前とは別の階級社会を反映した集まりだった。しかるべきイニシエーションを経て「秘密」のサインを共有し位階を昇っていく「正兄弟」の他に、「労働兄弟」と「技能兄弟」というランクの特別枠があった。「労働兄弟」というのは、貴族たちの従者や料理人たちで、貴族たちはフリーメイスンのロッジにも召使たちを引き連れて来ていたわけである。「労働兄弟」には「秘密」の共有や各種儀式の出席は禁止されていた。「技能兄弟」というのは主として音楽家たちだった。ロッジの典礼のために音楽演奏が必要で、専属のオーケストラが用意されたのである。ロッジが主催する音楽会も多かった。宮廷のためにエジプトやペルシャを題材にした多くのフリーメイスン・オペラが生まれ、それが町の劇場でも上演されたが、民衆用のストーリーの他に、エリートだけが理解するメイスンのテーマやシンボルが配されているのだった。ロッジのために作曲したり演奏したりする時には作品はロッジの「所有物」となり、対価は支払われなかった。その代わりロッジはパトロンではないから、他にパトロンがいることも、他の楽団に所属することも自由である。パリの「スコットランド聖ヨハネ」ロッジは九〇名ものオーケストラをかかえていたが、そのほとんどは同時にパリのオペラ座オーケストラのメンバーだった。ロッジ内では事実上「労働兄弟」と同じ身分差別を受けていた音楽家たちにとってのメリットは、同業者との情報交換ができること、そして何よりも貴族たちがロッジとは別に演奏や作曲を注文してくれる「客」になったことである。

「技能兄弟」には他の種類のアーティストは見られない。貴族たちをパトロンとして働いていた画家や彫刻家らはすでに一定の社会的な地位があったので、早くから自分たちで同業者ロッジを形成していたからだ。彫刻家ロベール・ル・ロランがリーダーだった「ビュシィ＝オーモン」ロッジは一七三〇年から一七五〇年のあいだに、王立絵画彫刻アカデミー所属の画家、彫刻家、建築家の多くをメンバーとしていた。彼らが本来のフリーメイスンの意味に近い「同業組合」を作ったのに対して、音楽家たちはたとえ「特別枠」という差別待遇を受けても、王侯貴族の集まるロッジに所属することでパトロンや客を獲得する道を選択したのだ。歌手は別だった。グラントリアンは一七七四年に歌手や役者を「技能兄弟」とすることを禁じている。その理由は、作曲家や楽器奏者と違って、歌手や役者は無教養な民衆の前で芸を披露する時に嘲笑や揶揄の対象になることがあるからで、その時に貴族たちは「兄弟を守る」という誓いを果たすことができないことだった。リュリーによってはじめられたフランスのオペラは、イタリアと違ってレシタティフ（レチタティーボ、叙唱）を重視する演劇の発展形であり、歌手は「美声の役者」として役者と同じカテゴリーだったのだ。しかし、スター歌手が生まれるにしたがって、「例外規定」によってフリーメイスンの「技能兄弟」に組み込まれていった。シャルル＝ルイ・ミオンの『ニテティス』（一九四一）、ジャン＝フィリップ・ラモーの『ゾロアストル』『オシリスの誕生』などフランス・バロック・オペラの最良の作品はこうして生まれたのである。

フィリップ・オテクシェは、『ハーモニーの柱――歴史、理論、実践』のなかで、近代フリーメイスンは、古代エジプトの昔から共存してきた音楽と霊的伝統に依拠していると述べる。音楽とフリーメイスンはエジプト以来同じ道程をたどって一八世紀に出会った。数学者でもあるラモーが一七二二年に『和声論』を発表し、ジェームス・アンダーソンが一七二三年にフリーメイスン憲章を上梓したのはどちらも、それまでに蓄積されていた具体的な理論を思索的なものに統合した到達点であり偶然ではない。

音楽そのものがメイスン的である。音楽を成立させているのは「音＝自然石」ではなく「楽音＝切り出された石」であり、高さと長さと強さを測られた音符であるからだ。

石工としてのメイスンが石を切り出す思弁の過程も三つの基準に支配されている。それは力と知恵と美である。力は楽音の強弱に通じ、知恵は楽音の長さに、美は音程をともなった音符に通じる。この「力」と「知恵」と「美」という三つは、ロッジの市松模様の床の中央に立つ三本の柱によって象徴されている。魂と精神を地上の縛りから解き放って向上させるという願いがこめられているという。三つは互いに支え合う関係だ。力は知恵によって美という理想に導かれねばならない。知恵がただの理性ならば人間を機械にしてしまう。たとえ美の地平が見えていてもそこに向かう力なしには到達できない。その「美」こそがハーモニーである。

この三つの標語はあまりにも内的な自己啓発に向かうエリート主義的なものだと批判されることもあり、本来の「自由、平等、兄弟愛」のみに戻さなくてはならない、と言われることもある。

けれども、ハイドンの交響曲八八番で二本のオーボエによるバグパイプのような演奏にスコットランドのフリーメイスンへの最初の合図《サイン》をキャッチしたり、モーツァルトのハ長調ピアノ・コンチェルトの第二楽章にフリーメイスンの光が現れるのを感知したりする人びとがいる限り、フリーメイスンと音楽の出会いは語り継がれていくことだろう。

第二章　近代フリーメイスンの成立

1　フリーメイスンの神話

石工の「神話」

一七一七年六月二四日、ロンドンのセント・ポールズ・チャーチヤードのカテドラル近くの居酒屋で石工、大工、靴屋、商人、ジェントルマンらが集まった。四つのロッジを合わせたグランド・ロッジをつくってグランド・マスターを選ぶための憲章を起草するためだ。

その日付がわかっているのにもかかわらず、ヨーロッパにおける近代の思弁的フリーメイスンの成立の実情は謎に包まれている。もともと「秘密結社」であるうえに、近代革命や二度の大戦のせいでロッジの資料が散逸したからだ。さまざまな陰謀論や偏見のせいで、フリーメイスンの歴史が最近までアカデミックな歴史家の研究テーマにならなかったということもある。フリーメイスン内部の歴史家による記述はあるものの、当然ながら潤色が施されているので学術的な信頼性は必ずしも高くない。

一般に認められているのは近代フリーメイスンが、ヨーロッパ中世の一二世紀からはじまった大聖堂建設の時代に、何十年にもわたって建築に従事した石工らの組合の伝統に端を発しているということである。大聖堂の建設には何百人もの職人が数世代にわたって関わった。技術の継承と互助のための組織、仲間を確認するための合図ができ、新参の職工が加わる時の儀式も生まれた。ロッジというのは建築中の建物の傍に組み立てられる木製の仮設住宅のことだった。職人たちはそこで技能についての説明を受けたり休息したりするのだ。そこではまた石工たちに必要な道徳的、職業的、宗教的義務や、石工の歴史的由来と意義を語るテキストが読まれたと言われる。発見されている一三九〇年頃のテキストと一四二五年のテキストによると、石工は世界のはじまりから存在し、栄光の先達はバベルの塔やソロモンの神殿を建て、ピタゴラスやユークリッドにつづいて古代からの秘密を受け継いだ。大聖堂の建築が天地創造の原初からつづく神の業を継承しているという自覚を石工たちに促すために聖職者によって書かれたものだと推測される。職人たちはこの「神話」を代々伝えた。

一五世紀に現れたいわゆる職人同業組合の方は、各地の工事の発注者たち（有力貴族や商人など世俗の者が多くなった）の権力から職人たちの権利を守るために生まれた互助組織であり、近代フリーメイスンの直接の祖型ではない。ルネサンスに入ると大聖堂の建設は少なくなり、一六世紀には新しい大聖堂（ローマ・カトリックの司教座）の建築どころか、宗教戦争によって、各地の宗教建築は大きなダメージを受けた。石工たちがロッジで繰り広げる儀式は消滅した。

「大聖堂の建築者」としての石工の伝統が思弁的な集まりに採用され、ソロモン神殿の建築家ヒラムの神話が中心となって再登場するのは一七世紀終わりのイングランドとスコットランドにおいてであるが、その経緯についての定説はない。

有力であった仮説は、勢いを失った石工組合が、経済的な理由から、ジェントルマンなど有産階級で大聖堂の歴史や秘密のオーラに関心を寄せた名士たちを「名誉メイスン」として受け入れるようになったというものだ。フリーメイスンの語源そのものがfreestone masonの短縮形で、フリーストーンという建築材に使われた断裂層のない砂岩や石灰岩の塊と、それを扱うメイスン（石工）とが組み合わされたものだとされる。

ロイヤル・ソサエティとフリーメイスン

最近の研究ではその語源そのものが、「歴史」の権威を取り込もうとしたフリーメイスンによってつくられた神話の一部であるという説も立てられている。一六世紀にほぼ消滅した石工組合が一七世紀末に復活したと考えるのは無理がある。イギリスのフリーメイスン知識人の多くは近代フリーメイスンを一七世紀イギリスの危機的な政治状況の下で現れたまったく新しい現象だとみなす傾向にある。思弁的フリーメイスンとは、公教会、カトリックとプロテスタントの抗争で分裂した当時のイギリスで、キリスト教から距離をおいて、職業組合のシンボルをリサイクルしながら科学の進歩を新時代の駆動力にしようとする試みであった。

それは一六六〇年にロンドンで創立された科学アカデミーであるロイヤル・ソサエティ（王立協会）の歩みと軌を一にする。一八世紀初頭にフリーメイスンのリーダーとなっていた科学アカデミーのメンバーがあえて中世の職工組合という時代錯誤的《アナクロニック》なレトリックの陰で、既成宗教に影響されない「科学ユートピア」を標榜した。一七二三年の時点ではロイヤル・ソサエティ二〇〇人のメンバーのうち、四〇人がフリーメイスンであった。

ロイヤル・ソサエティ以前には、アイルランド生まれの化学者ロバート・ボイル（一六二七〜九一）が私財を投じた「不可視《インビジブル》のカレッジ」という、科学者たちの結社が存在した。キリスト教の信仰と古代趣味を、生まれつつある実験科学の進歩に融合させようとしたものだ。自然のあらゆる現象を観察し実験で確認し、文明にふさわしい新しい哲学を構築しようというもので、つぎの啓蒙の世紀に登場する「百科全書」派の先駆だとも言える。

それは実証科学を政治からも宗教からも独立させようとしたフランシス・ベーコン（一五六一～一六二六）の精神を受け継ぐもので、その普遍主義は国境を越えてヨーロッパ中の科学者の連携を視野に入れていた。フランシス・ベーコンらはルネサンス時代からの錬金術や魔術的思考も同時に受け継いでいた。それはボイルの影響を受けロイヤル・ソサエティの会長にまでなり近代科学の祖と呼ばれるアイザック・ニュートン（一六四二～一七二七）にもそのまま受け継がれている。近代自然科学の母体となった自然哲学者たちはそのまま神学者でもあり、万物の創造者を信じ、それゆえマクロコスモスがミクロコスモスに反映しているとする「万物照応」も信じていた。ルネサンス期に由来する新プラトン主義やキリスト教カバラ思想も包含する自然哲学の枠のなかで生まれたフリーメイスンがその当初から秘教的色彩を帯びたのは文化的必然だったと言えるだろう。

ロイヤル・ソサエティのメンバーであり最初のフリーメイスンのイニシエーションを受けた者として記録に残るロバート・モレイ（一六四一年エディンバラのロッジ）は薔薇十字団やヘルメス主義の実践者でもあり、エリアス・アシュモール（一六四六年ランカシャーのロッジ）は弁護士、砲手、医師、植物学者、化学者、歴史家、紋章学者など多彩な肩書をもつ人物だった。このように魔術と科学がじつはまだ分化していない折衷的な時代に生まれたロッジが一七一七年にグランド・ロッジとして組織された時、その儀式が秘教的なレトリックに彩られていたのは不思議ではない。グランド・ロッジ成立の二年後にグランド・マスターに選ばれたのはニュートンの友でアシスタント、ロイヤル・ソサエティの会員でもあるフランス生まれの国教会司祭ジャン・テオフィル・デザギリエであった。

当時のイギリスはすでに一五〇年にわたって政治的宗教的な緊張状態にあった。一五三四年に愛人と再婚したヘンリー八世がローマ法王と袂《たもと》を分かって国教会を創設し、メアリー女王の時代にカトリックに戻り、エリザベス一世が国教会に戻した。一六四九年にはプロテスタントを迫害したチャールズ一世が処刑されている。ピューリタンのクロムウェルが去った後はまた、国教会、カトリック教会、プロテスタントと揺れ動いた。宗教戦争は大陸でも同様で、デザギリエは、一六八五年、ナントの勅令（プロテスタントの信教の自由と政治的平等を保障）の廃止によってプロテスタント牧師の父とともにフランスから樽に隠れてイギリスに亡命してきたという過去を持っていた。そのような時代であったからこそ、知的エリートたちは科学の進歩にのみ忠誠を誓い、同時代に林立する宗派の確執を超越できるような新たな神話に支えられた安定した結社を創出しようとしたわけである。

その精神に従って、一七二三年にグランド・ロッジからフリーメイスン憲章の起草を託されたスコットランド長老派の牧師ジェームス・アンダーソンは、各メイスンはその国の宗教を強要されないこと、篤実で忠節や名誉を重んじる善き人間であるならばそれぞれが自分の信仰を持つ権利があることを明記した。

その頃まだ手に入れることのできた中世の石工の儀礼書を参考にしてカテドラルの建築者の栄光を踏襲しつつ、宗教的寛容を強調して新しい兄弟愛の関係を謳いあげたのだ。国教会、カトリック、プロテスタント、長老派、ピューリタン、カルヴァン派も、ユダヤ人も、建前的にはイスラム教徒も、すべての信仰者が、メイスンの集まりの後で分かち合うアガペの宴の席に招かれた。それはロイヤル・ソサエティと交流のあったスピノザが『神学政治論』（一六七〇）で語りジョン・ロックが『寛容についての書簡』（一六八九）で説いた精神の継承であり、一八世紀後半のアメリカ独立戦争やフランス革命での人権宣言を先取りする「信教の自由」の宣言だった。

啓蒙の世紀の自由思想家たちは、体制としての教会からは離れていたが、理神論的な考え方を持ちつづけていた。「偉大な建築家」である創造主が幾何学的調和のもとに原初のカオスを秩序づけたという考え方は、古代のグノーシス主義から錬金術師、ルネサンスの新プラトン主義者や薔薇十字団に至るまで存在していたが、ニュートンの万有引力理論によってそれが哲学や神学から一気に科学の領域に位置づけられたと知識人たちはみなした。「宇宙の大建築家」の称号は、自然哲学（自然科学のこと）の神でもあり、一神教の各宗派に散らばるメイスンたちが共有可能な「超越神」にも重ねることができたのだ。

けれども結局この理神論的発想は、無神論でこそなくとも、神の啓示を人間に仲介する教会や聖職者の必要性や教義を無化するものであったから、最終的には宗教を破壊し疑似宗教となりうるとみなされて、既成教会から敵視されることになる。教会の一致運動というエキュメニズムの考え方などまだ存在しない時代のことだった。

サロンとしてのフリーメイスン

一方、スコットランドやイングランドでの宗教的、政治的、科学的な平和の模索としてのフリーメイスンの登場とは別に、英仏海峡を渡ったフリーメイスンは特権階級のサロンとなった。フランスは、宗教戦争ののち、ガリア教会主義によってローマ教会の権威をフランス国王が承認するというかたちでカトリック陣営に留まっていた。一六八五年に廃止されたとはいえ一六世紀末のナントの勅令による宗教共存の市民主義は生き残っていたのでリベルタンと呼ばれる自由主義者がさまざまなサロンを形成していた。

フリーメイスンの運動は、表の社会のエリートたちがそのまま、教義や教会の縛りのないもう一つのパラレルな世界、ユートピアを裏で生きる別の道筋を与えてくれた。

アンダーソンの憲章は、フリーメイスンの場が、それまで教義や宗派の違いによって隔てられた状態でいることを永遠に義務づけられていた人びとを結びつけ、真の兄弟愛を生むものであることをうたっている。そのユートピアは、宗教的分派主義ではないのと同様、政治的な分断がある場所でもない。「メイスンは、世俗の権力に対して平和的主体であり、国家の平和や安寧に反する陰謀に加わってはならない」ともある。後年フリーメイスンが陰謀論の常連として言及されるのとは正反対で、初期キリスト教徒たちがローマ帝国の法律を受け入れていたように、メイスンはイギリスにようやく訪れたように見える「平和」を維持するために遵法的人間であろうとしたのだ。実際、カトリックが王位に就くことは禁じたにしても、イギリスでは史上初とも言える「立憲君主制」が、権利章典（Bill of Rights）に基づく選挙制度とともに確立したばかりだったのだ（一六八九年）。

けれども、フランスにフリーメイスンをもたらしたのは、権利章典を確立したウィリアム三世（オラニエ公ウィレム）によって追われたカトリック王ジェームズ二世を支持するジャコバイト派であった。ジャコバイト派はジェームズ二世とともにルイ一四世の宮廷に出入りした。一七二五年頃にできた、最初のパリのロッジは、集会の場となった「銀のルイ」というレストランの名にちなんで「銀のルイの聖トマス」と呼ばれた。ロイヤル・ソサエティのメンバーで亡命ジャコバイト派であるスコットランド人ラムゼイが一七三六年にフランスのフリーメイスンの基本構想を発表した。ラムゼイはメイスンの起源を騎士団や十字軍の伝統に結びつけ、フランス貴族やブルジョワの名誉心を刺激した。徒弟や職人の親方制度であったはずのメイスンの位階にも「オリエントの騎士」などがあらたに加わった。

時代は「啓蒙の世紀」であったにもかかわらず、貴族やブルジョワが紋章や肩書に夢中になる時代であり、フリーメイスンはそのスノビズムを自由に発揮できる場所を提供したのである。その結果、一七三八年にはルイ一五世のアンタン公がグランド・マスターに任命され、一七四三年には王家の血を引くブルボン＝コンデ公が、一七七一年にはルイ一六世の従兄に当たるオルレアン公フィリップがグランド・マスターとなり、二年後にフランス・グラントリアンが成立した。ルイ一六世の時代には、王の側近であったロアン公（枢機卿でもある）、竜騎兵長ポリニャック、ラ・ロシュフーコー公といった有力貴族らもつぎつぎとメイスンのイニシエーション（加入に際する通過儀礼）を受けていた。王自身や王の兄弟もメイスンであったという説もある。彼らにとってフリーメイスンは新思想を語れるユートピアではあったが、自分たちの君臨する特権社会を脅かすものとなるなどまったく想定外であったのだ。グランド・マスターであったオルレアン公フィリップも、立憲王政をめざし「フィリップ・エガリテ（平等）」と改名して革命に参加したが、ギロチン台で命を落とした。

オルレアン公フィリップ

ロッジに顔を出す人びと

ともかく、一八世紀前半から革命前まではフリーメイスンが貴族たちの公然のユートピア社交場となっていたから、貴族の夫人たちもロッジに顔を出しはじめていた。アンダーソンの憲章ではメイスンになれるのは「善良で正しく、精神的に成熟し慎重さを持った年齢で自由人として生まれた男」であり、農奴も女も悪評の男も除外されていた。実際フランスで男女共同のメイスナリーが生まれたのは一九世紀末で、女性のグランド・ロッジができたのは第二次大戦後なのだけれど、当初から、メンバーの集会や典礼後の食事や行事に加わることは禁止されていなかった。メイスンの「兄弟」たちは女性を「姉妹」と呼び、「準メイスン」を創った。侯爵夫人たちも伯爵夫人たちも皆、フリーメイスンという流行を追い、ロッジで決まった課題を実践したり研究したりするアトリエに積極的に関わった。パリのプチット・エキュリ通りのラ・カンドゥール（純真）というアトリエには、マリー＝アントワネットと親しいプリンセス・ランバル（一七九二年、ギロチン台で死ぬ）やポリニャック公爵夫人などがいた。当時一大ブームとなっていた動物磁気《マネティスム》や秘教主義《エゾテリスム》もアトリエのなかでは自由に実践できたので、オルレアン公夫人（プリンセス・ランバルの義妹で、ルイ一四世の曾孫に当たる）のように裕福で好奇心に満ちた有力貴族夫人も出入りした。「ラ・カンドゥール」は他の貴族ロッジと同じく舞踏会やコンサートをオーガナイズした。それまで宮廷や貴族の屋敷、教会や、王立のオペラ座など王立アカデミー主催のものに限定されていた音楽会は、一七世紀の末ごろから富裕な都市市民らに向けて広まるようになっていた。

切符を一般客に売る方式のコンサートがはじまったおかげで、音楽を糧にして生きるプロのオーケストラが生まれるようになったが、その多くはフリーメイスンだった。「コンセール・スピリチュエル」はメイスンであったモーツァルトのシンフォニー「パリ」を一七七八年に初演したし、ハイドンやレオポルド・モーツァルト（モーツァルトの父）もそれにつづいた（コラム①参照）。

カトリック国における勢力拡大

このような「秘密結社」の名のもとのサロンが取り締まりの対象にまったくならなかったわけではない。ロンドンではフリーメイスンを「アンテ・クリスト（反キリスト）のセクト」「悪魔のセクト」と糾弾する匿名のパンフレットが出回った。フランスでは、フリーメイスンが女性を排除していることから、同性愛者の集まりであるとか酒を飲む集会だと言われることもあった。

とはいえ民衆のロッジがたまに取り締まりの対象になったとしても、上流階級にとってのロッジはサロンの一つでしかなかったし、ブルジョワにとっては階級上昇のチャンスを得る場所でもあった。「完全なる尊重のオリンピア」ロッジによってつくられたコンサート専門の「オリンピア」ロッジでは九人の王族、一三人の公爵、五五人の侯爵、五七人の伯爵、一九人の子爵、一三人の男爵がメンバーとなっていた。

しかし、フリーメイスンはローマ教皇からは当初から不穏な活動だと警戒されている。プロテスタントのイギリスで生まれた反教権的な理神論団体であるという認識による当然の警戒だった。一方、カトリック国であるフランスにそれほどまでにフリーメイスンが広まったのはどうしてだろうか。

ひとつには、フリーメイスンが最初からエキュメニカル（教会一致的）な運動であり、啓蒙思想のひとつとして聖職者たちにも参加を呼びかけていたからだ。ロンドンでグランド・ロッジが生まれてわずか二〇年後の一七三八年にはクレメンス一二世が禁令を出し、その後二世紀にわたって何度もくりかえされてきたという事実は、フリーメイスンの浸透がいかに急速で、またカトリック国においてもいかに勢力を拡大しつづけていたかということを逆に物語っている。そして前述したようにガリア教会主義をとっているフランスでは、フリーメイスンの禁令のようなローマ教皇の回勅ですら、議会の承認を経なければ施行されることはない。結局フランスではフリーメイスンの禁令が施行されず、基本的に宗教的取り締まりの対象にはならなかった。何人かの司教はフリーメイスンを破門すると説教し、イエズス会も抵抗したが、多くの「開明的」な聖職者はつぎつぎとイニシエーションを受けた。

一七二五年頃の最初のロッジから、一七七三年にオルレアン公フィリップのグラントリアンが独立するまで、フリーメイスンは啓蒙思想と同義であるかのように広まった。そこに「イギリス・マニア」が重なり、モンテスキューはイギリスでイニシエーションを受けたし、イギリス風開明趣味の果実としての「百科全書」派もフリーメイスンのアトリエに出入りした。

異端審問――ラテン諸国とフリーメイスン

フリーメイスンが広がったカトリック国はフランスだけではない。教皇庁に近いイタリアやスペイン、ポルトガルといった国も、フリーメイスンを啓蒙思想として受け入れた。

フランスでは、フリーメイスンも、メンバーは「宗教と王と慣習」に忠実でなければならないとしている。それはアングロ・サクソンのフリーメイスンも同様で、公開された文書にローマ・カトリックを非難するような言葉はまったく見られない。

ローマ教皇庁が問題にできたのは、だから「秘密の活動」の部分であった。薄暗闇のなかでの秘密の儀式で聖書に手を置いて宣誓することは倒錯であり、悪をおこなわないまでも社会にとって不穏なことは、フリーメイスンが世俗の権力から禁止された事例から見ても明らかだとされた。実際、教皇による一七三八年の最初の禁令に先行してプロテスタントのハーグ（一七三五）やジュネーヴ（一七三六）、カトリックのパリ（一七三七）、ハンブルク（一七三八）がフリーメイスンを取り締まっていた。当時ヴァティカンはトスカーナを支配することでロレーヌ公フランソワと争っていて、フィレンツェのフリーメイスンがロレーヌ公を支持していたという政治的事情も関係していた（結局ロレーヌ公がトスカーナ大公となり神聖ローマ帝国の皇帝ともなった）。

宗教的な理由としては、フリーメイスンのロッジで他宗派と協働するカトリック信者の信仰に悪影響が及ぶことが挙げられた。といっても、ヴァティカンはこの頃すでに各派に分かれつつあったフリーメイスンの実情を調査したわけではなく、世間に流布した噂によって一般化していた。カトリックのフリーメイスンはこれに抗議して、教皇が側近に騙されている、メイスンは教会権威に服していると言った（一七四四年、フランス）。一七五一年にベネディクト一四世が禁令を再発布した時も、メッツの古式ロッジは禁令にカトリックの教義上の根拠がないことを指摘して、兄弟愛志向のフリーメイスンは教会の脅威となりえないことを主張した。ガリア教会主義ではなくローマ教皇派の敬虔なカトリック思想家であるジョセフ・ド・メストルも、シャンベリーでイニシエーションを受けていたが、フリーメイスンの「秘密」は宗教や国家に反するものを含まないので良心にも反するところがないと述べた。それどころか、キリスト教に起源をもつフリーメイスンはむしろ教会離れしたカトリック信徒を取り戻す手段になると主張した。

イタリア、ポルトガル、スペインでは、異端審問を恐れて解散したロッジも少なくなかった。初期の異端審問は、メイスンたちを破門するためというよりも、それまで実態のわからぬままであったフリーメイスンを調査するためのものだった。異端審問を受けたメイスンが、その犯罪性や異端性を証明されるに至らずに釈放される場合もあった。一七三九年一月の書簡で、ポルトガルの異端審問官である枢機卿はフリーメイスンのうちにいかなる異端性も迷信の類も見出すことができない、と書いている。一七四三年にはクストスというメイスンの商人が逮捕された後、ポルトガルの異端審問で実際に拷問されガリー船の苦役を宣告された記録があるが、全体としては、宗教的事由というよりも治安維持法的な予防措置の色が濃い。

ベネディクト一四世は、メイスンであることでいったん破門した者を免償して、イタリアに残っていた地下のフリーメイスンの情報を聴取しつづけた。イタリアではメイスン活動をする枢機卿も残っていたのだ。

回勅を有効にするために批准すべき議会の大半がガリア教会主義者であるフランスでは、クレメンス一二世の禁令もベネディクト一四世の禁令も施行されることがなかったので、聖職者であることとフリーメイスンであることは両立した。メンバーの葬儀の宗教典礼をロッジが組織することもあるし、メイスンの守護聖人である聖ヨハネ（洗礼者ヨハネと福音書作者ヨハネ）の祝日のミサは盛大に挙行され、復活祭前の四旬節や聖金曜日の断食と重ならぬようロッジの食事会の日程が調節された。ロッジ付き司祭までいて、多くのメイスンが小教区の福祉に参加した。「無神論者」であることを公言するメンバーが追放されることもあった。時代はキリスト教的有神論《テイスム》から合理主義的理神論《デイスム》に傾き、フリーメイスン内部でも同様であったが、カトリックであるアイデンティティは崩れていなかった。その枠があったからこそ、これも当時の流行であったテンプル会の伝統だの、神秘主義や秘教主義への関心だのをロッジの内部で実践することもできたのだ。理神論者《デイスト》やプロテスタントも加わってはいたが、なかにはカトリックの聖職者が過半数を占めるロッジすらあり、シトー会修道士たちは、クレルヴォー修道院のなかに「徳」という名のロッジを創設した。聖職者メイスンの数はサン・ポンス司教ルイ・アンリ・ブリュイエール＝シャラーブル、ラングルの司教で侯爵であるジルベール・モンモラン・ド・サン・エレムなどフランスの高位聖職者を含む二〇〇〇人に達したと言われ、その一部はオーストリア＝ハンガリー帝国やドイツ、スペイン、イタリアにも及んでいた。

といっても、ではフリーメイスンが啓蒙思想を牽引し近代革命を用意したのかというと、そうではない。むしろ、啓蒙思想が進化していくなかで、フランスの聖職者や貴族、思想家などの知識人がフリーメイスンという新しい枠組みを自然に利用したと言える。フリーメイスンが革命を「陰謀」したのではなく、革命に至る必然的な自由思想の高まりがフリーメイスンというかたちをとって現れたと言った方が当たっている。

2　アメリカ独立戦争とフリーメイスン

「建国者」たちとフリーメイスンのネットワーク

アメリカの独立戦争についても同様のことが言える。フランス革命に先立つアメリカ独立戦争には建国の父であるリンカーンをはじめとしてフリーメイスンが大きな役割を果たしたが、それを過大評価する言説には注意しなくてはならない。

アメリカにフリーメイスンをもたらしたのがイギリスからの植民者だったことはほぼ確実だが、秘密結社の性格上、いつ誰がどこではじめたかを特定できる資料は残っていない。アバディーンでイニシエーションを受けたジョン・スキーニーというスコットランドからの移民という説や、ボストン生まれのジョナサン・ベルチャーが一七〇四年にロンドンでフリーメイスンに出会ったという説もあるが、現在確認されている最も古いロッジは一七三〇年の記録があるペンシルヴァニアのものである。ペンシルヴァニアは、絶対平和主義のクェーカー教徒ウィリアム・ペン（一六四四〜一七一八）が宗教各派の共存を標榜して開いた土地で、その中心であるフィラデルフィア（兄弟愛の都市）の「セント・ジョン（聖ヨハネ）」ロッジで一七三一年にベンジャミン・フランクリンが加わった。フランクリンは、アメリカで最初にアンダーソンのフリーメイスン憲章を出版した。一七三四年にジョージア州の「サヴァンナ」ロッジを創設したのはイギリスの将軍ジェームス・オーグルトープで、彼はすべての人が豊かに暮らせるように耕作地を支給する理想の植民地を創ることを夢見た。イギリス王ジョージ二世はその計画に合意して土地を与え、王の名にちなんだジョージア新植民地ができた。オーグルトープは奴隷制も禁じたが、一五年後に植民者の圧力に屈して奴隷制が導入された。そのような理想郷を植民地に打ち立てようとしたフリーメイスンは少なくなかったが、多くのメンバーは、数キロ離れたところにしか隣人がいないような開拓地で先住民の「脅威」にさらされて生きていたので、互助的社会的な絆を求めてフリーメイスンに加入したのだ。

近代フリーメイスンのはじまりに大きな役割を果たしたルネサンス期イギリスの神学者フランシス・ベーコンは『ニュー・アトランティス』で、船乗りが新しく発見した見知らぬ島で「ソロモンの館」によって治められた社会を訪れ、そこでは科学者と司祭が人類の幸福のために協力して働いていると述べて、「アメリカ」を予言したと言われている。そのルーツはさらに前のトマス・モアの描く『ユートピア』にあり、民主的で宗教的寛容があり王のいない自然法の社会がすでに求められていた。アメリカの「建国者」たちは『ニュー・アトランティス』の島がアメリカであると信じ、ユートピアを築く場所がアメリカだと信じた。フリーメイスンの多くもそう考えていたのは事実だ。

もっとも、独立戦争がはじまったころにすでに一〇〇を超えていたと言われるロッジのすべてが「革命」を標榜していたわけではない。メイスンである市長や総督たちはイギリス王から任命されていたし、富裕な商人の取引先はイギリスであり、アンダーソン憲章にのっとっても、メイスンが政治に干渉することは想定されていなかった。『コモン・センス』を発表して独立戦争に拍車をかけたラディカルな理神論者《デイスト》トマス・ペインはフリーメイスンではない。ペインは人権論によってフランス革命にも影響を与えてフランスの市民権を獲得したこともあるが、キリスト教批判をしたことでプロテスタントから冷遇されるようになった。

アメリカの独立戦争に啓蒙思想がらみの「ニュー・アトランティス」の希求があったのはたしかだが、最大のモティヴェーションは経済だった。植民者たちは、自分たちがイギリスの国会に代表を出していないのにもかかわらず不当に重い税を徴収されることに耐えられなくなった。そんななかで起こったのが独立戦争のはじまりの神話ともなったボストン茶会事件だ。独立急進派が、当時最も重く課税されていたイギリスのシンボルとも言える東インド会社の紅茶箱をイギリス船から四五トンも海に投棄した示威行動である。「自由の息子たち」というグループの彼らが集まったグリーン・ドラゴンという居酒屋は、フリーメイスンの「セント・アンドリューズ」ロッジのメンバーが集まるところでもあり、富裕な貿易商のジョン・ハンコックやボストンの外科医だったジョゼフ・ウォーレン博士など、指導的な立場の人物で両方のグループに属している者もいた。

「陰謀論」の言説では、独立宣言の署名者五六名のうち五〇名以上がフリーメイスンだというものもあるが、はっきり確認されているのはジョン・ハンコックやベンジャミン・フランクリンら九名にすぎないし、テキストを考えた五名のうちでも実際に起草した若き弁護士トマス・ジェファーソンはフリーメイスンではない。しかしジェファーソンはニュートンやヴォルテールの流れを汲む筋金入りの理神論者だった。徹底した理性主義により、新約聖書から超自然的な部分を削除して、道徳の師としての人間イエスの言葉だけを抽出した『ジェファーソンのバイブル』というものが死後に出版された。彼にとって処女マリアの胎に宿ったイエスの物語は近い将来に、ゼウスの頭に宿ったミネルヴァの神話と同等にみなされるはずのものであった。そのような考え方はアメリカのプロテスタント文化からは警戒された。

しかしフランス大使でもあったジェファーソンはカトリック文化由来の「自然権」を主張するとともに啓蒙思想の根底にある信教の自由を標榜していたことでも、「フランス風フリーメイスン」のメンタリティを持っていたことがわかる。

すべての人間は平等に創造され、創造者より与えられた自然権を有するとした独立宣言のなかの「創造者」は、フリーメイスンが採用した「宇宙の大建築家」の概念に近い。

独立宣言から一一年後に書かれた合衆国憲法でも、「聖書の神」や「キリスト」という言葉は使われていない。神という言葉（In God we trust）が貨幣に刻まれるようになったのは南北戦争中の一八六三年のことにすぎない。星条旗に向かっての忠誠の誓いの言葉に「神のもとに（under God）」という言葉が現れたのはカトリックのロビーの圧力を受けた一九五四年のことだ。

初代大統領のジョージ・ワシントン（一七三二〜九九）もプロテスタントであるバプティスト派の洗礼を受けていたし兵士たちに日曜のミサに出席するよう命じてはいたが、自分は聖体拝領の前に退席していたし、臨終の際に司祭を呼ばなかった。ワシントンがフリーメイスンであったことは、独立戦争でフランス軍の協力を受けたことと無縁ではなかった。フランスの若き侯爵ラ・ファイエット（一七五七〜一八三四）は一七七七年に自費でアメリカにわたってアメリカ軍を指揮した。フランス国王の許可を得ていなかったことで、援軍を頼みに帰仏した時に一時は拘束されたものの、結局、フランス王は一七八〇年に六〇〇〇人の軍の派遣を決定した。その指揮官には老練のロシャンボー将軍（フリーメイスンであったと推定される）が任命されたが、ラ・ファイエットは自分で四連隊を率いてエルミオーヌ艦で大西洋を渡った。彼に従った士官たちは後にナポレオンの帝国元帥となるベルティエをはじめとして、ラ・トゥール＝モブール、ノアーユ、セギュールら、全員がフリーメイスンの「兄弟」たちであった。スウェーデンのフェルセン伯爵も加わる国際的な顔ぶれだった。ラ・ファイエットの属していた「ラ・カンドゥール」ロッジは、アメリカに軍艦を提供するための寄付を募った。

いまもワシントンには、ホワイトハウスの近くに作られたラ・ファイエット・スクウェアにワシントン軍とともに戦った四人の外国人将官の銅像がある。フランスのラ・ファイエットとロシャンボー、ポーランドのタデウス・コシチューシコ、プロイセンのフォン・シュトイベン（パリでベンジャミン・フランクリンと会ってからアメリカ軍に合流した）であり、四人ともフリーメイスンのネットワークを通してワシントンにつながったと言える。

けれども、独立戦争軍にフリーメイスンが多かったからといって、フリーメイスンがアメリカ独立戦争を画策したということにはならない。フリーメイスンは貴族や士官のなかに広がっていたから、イギリス側の将官にも当然フリーメイスンがいた。アメリカ軍の勝利に決定的なものとなった一七八一年のヨークタウンの戦いで、フリーメイスンであるワシントンやラ・ファイエットらに敗れて服従のしるしに剣をゆだねたイギリス軍のチャールズ・コーンウォリス将軍もまたフリーメイスンであった。

ワシントンとラ・ファイエットの「縁」

イギリス軍が降伏した知らせが伝わるとフランス中の教会の鐘が勝利を祝って鳴らされた。ワシントンは、この出来事が「イギリスだけでなく世界中の暴君に、公正のみが、名誉と栄光と真の尊厳に至る最良の道であることを教えるように」と願った。

ワシントンとラ・ファイエットのような出自も世代も国も経歴もまったく共通点のない二人の人物が、同じ「理想」のために戦ったという「縁」を作った点では、フリーメイスンの果たした役割は大きい。一四歳で教育の場を去ったワシントンは一七五二年、二〇歳になる年にヴァージニアのフリーメイスンのロッジでイニシエーションを受けた。彼がロッジ内で啓蒙思想に出会い、ロッジ内で自由の理念を育んだことは想像に難くない。一七五四年から五八年にはイギリス軍として対フランス＝インディアン戦争に参戦して武器の扱い方に長けていることを大いに評価された。一〇年後にジョン・アダムス、ジェファーソン、フランクリンら独立戦争の政治リーダーたちがワシントンをアメリカ軍の将に任命したのはその腕を買われたからだった。

一方のラ・ファイエット侯爵は、ワシントンがイニシエーションを受けた五年後にフランスのオーヴェルニュの富裕な貴族の息子として生まれた。若くして地位と財産を相続しパリで高等教育を受け、一七歳で結婚しヴェルサイユの宮廷に出入りして貴族の社交クラブの様相を呈していたフリーメイスンと関わり、一七七五年に一八歳でフリーメイスンのイニシエーションを受けた。啓蒙思想や自由思想の書物を読み漁り、「人びとが政府を選ぶ」という法治主義の考えに共鳴していたところ、翌一七七六年の夏、アメリカの独立宣言を知って、大英帝国に反旗を翻す革命軍の勇気に感動した。王の許可もなく、家族の反対も押し切って、一七七七年にわずか二〇歳のラ・ファイエットは自分で調達した船で大西洋を渡ってワシントンに会いに行ったのだ。ワシントンは四五歳だった。それまでにも金を稼ぐために傭兵として志願してきた外国人は少なくなかった。ラ・ファイエットは自前でやってきて、「アメリカの幸福は人類の幸福と密接につながっている、アメリカは徳、正直、寛容、平等、自由の確かな避難所となるだろう」という信念を披露した。それらは啓蒙思想の共通の概念であり、ロッジでくりかえし叩き込まれている言葉でもある。

（上）ジョージ・ワシントン
（下）ラ・ファイエット侯爵

フリーメイスンがアメリカとフランスをつなぐルートを作ったこと、ワシントンとラ・ファイエットのあいだにその後生涯つづく信頼と友情を生む縁を作ったことはまちがいがない。アメリカでのラ・ファイエットは、後に凱旋した時（一八二四）も含めてペンシルヴァニアのグランド・ロッジに出入りした。フランスでも一八〇六年に「真実の友」ロッジの議長を務めた。ワシントンとアメリカが黒人奴隷の解放には手をつけなかったのに対して、ラ・ファイエットは一七八六年に仏領ギアナで二つのプランテーションを購入して黒人労働者を白人労働者と同じ条件で雇用するなど、自由や平等の理念をより徹底して追求した。フランス革命でも戦ったが、革命政府が王をギロチンにかけ恐怖政治に突入すると身の危険を感じてオーストリアに逃げ、オーストリアでは危険分子として収監された。ナポレオン時代や王政復古の時代もくぐり抜け、七六歳まで生きたラ・ファイエットの墓地には一八二四年にヴァージニアから持ち帰った土がかけられた。アメリカには彼の名を冠した都市が四〇もあり、第一次大戦の折、フランスに援軍に来たアメリカ部隊は真っ先にラ・ファイエットの墓を訪れて、彼らの初代大統領とともに戦った英雄に敬意を表した。

紋章

ワシントンの国会議事堂《キャピトル》のそばに、高さ一六九メートルのオベリスク、ワシントン記念塔が立っている。その上にあるピラミッドは、羽を広げオリーブの枝と矢をつかんでいる鷲と全能の目が描かれた図柄で、ジョージ・ワシントンの肖像とともに一ドル札にも印刷されている。いまもある種の陰謀論のなかでアメリカとフリーメイスンの関係をあげつらう時に引き合いに出されるこの紋章については独立宣言後すぐにベンジャミン・フランクリンやジョン・アダムス、トマス・ジェファーソンらが合議しはじめた。フリーメイスンで理神論者《ディイスト》のフランクリンは、旧約聖書のモーセによるエジプト脱出のエピソードを想起して、「暴君への反逆は神への従順である」というスローガンを提案し、合理主義者のジェファアーソンも、イスラエルの子らが神から約束された地に向かうというテーマを支持した。ジョン・アダムスはギリシャ神話のヘラクレスを提案し、アメリカ国籍を得たスイス人ピエール・ド・シミティエールが「Eye of Providence（全能の目）」と「MDCCLXXVI 1776」を提案した。実際に決定したのは一七八二年に新たに結成された委員会であり、そこにはフリーメイスンのメンバーが入っていない。ピラミッドと目の意匠は、フリーメイスンのコンパスの二等辺三角形や、その中心の目やヘブライ語で書かれた神の名などともたしかに共通するが、エジプト神話の太陽と天空の神ホルスの目のシンボルや、キリスト教の三位一体のシンボルにも出てくる。

ピラミッドと目の意匠

キリスト教のルーツはユダヤ教にあるのだからプロテスタントの優勢なアメリカが旧約聖書のイメージを共有するのは不思議なことではないのだが、陰謀論者たちは「ユダヤ教＝ソロモン神殿＝フリーメイスン」という連想から、アメリカ建国のシンボルをユダヤ人とフリーメイスンの陰謀に結びつけるようになった。

ポーランドからアメリカに移住したユダヤ人のハイム・サロモン（一七四〇〜八五）のような人物の存在もその陰謀論の傍証として使われる。金融業者サロモンは独立戦争のためにアメリカ軍の武器をヨーロッパから買い付けたりオランダ、フランス、スペインなどからの融資にも成功したりした。ワシントンの友であり、フィラデルフィアのフリーメイスンのロッジのメンバーであり、イギリスにとらえられて死刑宣告を受けたが脱出に成功した。陰謀論者にとっては、ユダヤ人、金融業者、フリーメイスンという三つを兼ね備えたハイム・サロモンは、「アメリカを牛耳る地下の組織」の原型であるのだ。

親睦の社交クラブへ

ともあれ、紋章ができてからワシントン記念塔が建てられるまでには一世紀近くの時が流れた。一七九九年にワシントンが死去した時は、ピラミッド型の廟の建設も検討された。ワシントンは近代のファラオであり、ピラミッドの上には未来の世代を照らす明かりが灯されるだろう。やがてモニュメント建設のために私的な財団が創られて世界中から寄付を募ったが、南北戦争という危機の時代を経て、ピラミッド建設は挫折し、ピラミッド型の先端を頂いたオベリスクだけにとどまった。当初予定されていたゼウスの姿をしたワシントン像は置かれることがなかったが金属製の先端部分の東側に「Laus Deo（神に賛美）」と刻まれている。

革命を経た王政復古の時代のフランスで最後の王となったルイ＝フィリップ（在位一八三〇〜四八）が、エジプトのルクソールから持ち帰ったオベリスクを一八三六年にパリのコンコルド広場に移設したように、ナポレオンの遠征以来のエジプト趣味はヨーロッパに広がっていた。ローマ時代に持ち帰られたオベリスクを一六世紀に聖ピエトロ大聖堂の前の広場に移設していた教皇庁も、このワシントンのオベリスクの建設に協力してピウス九世が一八五四年に大理石を贈っている。このことに反応したのがネイティヴィストと呼ばれるアングロ・サクソン・プロテスタントのグループだ。彼らは当時アイルランドから大量に移民してきたカトリック信者を排斥する地下組織を作っていて、カトリック教会を破壊するなどのテロ活動もし、オベリスク建設場からローマ教皇の贈った大理石を盗んでポトマック河に遺棄したと言われる。このなかにはアルバート・パイクのような高名な学者のフリーメイスンもいたので、南北戦争後も人種差別をつづけるクー・クラックス・クランのような非合法団体も、フリーメイスンと重ねて語られることがあるが、フリーメイスンはあらゆる階級あらゆるイデオロギー陣営に浸透していたから、これも恣意的な陰謀論にすぎない。

一八二六年、ニューヨーク州バタヴィアのロッジが、ウィリアム・モーガンというメンバーを、酒癖と賭博癖があることを理由に締め出した。怒ったモーガンはメイスンの典礼を暴露した本を出版すると言った。ところが印刷所は謎の火事にみまわれ、モーガンも、借金を理由に逮捕された。その後何者かによって保釈されたが、そのまま行方不明となった。フリーメイスンのメンバーが三人、誘拐と殺人の容疑で逮捕された（その後、無罪）。モーガンの本は出版され、プロテスタントのリーダーたちは、フリーメイスンが聖書の教えをゆがめ人びとを祈りと労働の道から遠ざけると非難した。アンチ・フリーメイスンの動きのなかでは、フランス人が、特にラ・ファイエットがアメリカのフリーメイスンを汚染したという声もあがった。第六代大統領のジョン・クィンシー・アダムスは一八二八年の大統領選で、フリーメイスンであった対立候補のアンドリュー・ジャクソンに対して、アンチ・フリーメイスンのキャンペーンを大々的に展開したが敗れている。

モーガンの事件はかなり尾を引き、半世紀以上も経った一八八二年、ナショナル・クリスチャン・アソシエーションがバタヴィアの墓地に「フリーメイスンの秘密を暴露した故に拉致され殺された、真実を書き印刷し語ることの自由の殉教者」と刻んだ記念碑を建立した。

一九世紀半ばのこのアンチ・フリーメイスン運動を境として、アメリカのフリーメイスンは、「ヨーロッパの起源」と袂を分かつことになった。特にアメリカのアングロ・サクソン・プロテスタント的な「神の国」志向は、独立戦争を支援してくれたカトリック国フランスがまさにカトリック教会離れしていくなかで向かった理神論的合理主義的なラディカルな政教分離とはそぐわなかったのである。いったんイギリスから独立して国家の基盤ができると、アメリカ市民の中核をなすアングロ・サクソン・プロテスタント勢力にとっては、フランス型政教分離の啓蒙思想に磨かれたフリーメイスンは不道徳な不信心そのものに見えはじめていたのだ。

それ故に、一九世紀中葉からアメリカのフリーメイスンは、フランスの理念を遠ざけて、ヨーロッパの他の国からも距離をおいた独自の道を歩みはじめる。

政治的、哲学的な議論をしない。
自己啓発、自己完成の道と、慈善活動に集中する。
中立性、透明性、公開性を重んじる。

というのがそれ以来の方針となり、アメリカのフリーメイスンは親睦の社交クラブ、互助クラブと化し、二〇世紀には、職業倫理を掲げて社会奉仕するロータリー・クラブやライオンズ・クラブのようなものへと展開していくのだ。それがそのままアメリカにおける「自己啓発」運動やメソードの源流ともなっていった。

アメリカのフリーメイスンが秘密性の薄い社交クラブと化し、さらに自己顕示的なチャリティ組織を生み出した理由は複合的だとはいえ、やはり「アングロ・サクソン・プロテスタント」のメンタリティが最も大きなものである。ここでもう一度ふりかえってみよう。

アングロ・サクソン・プロテスタントという共同体

もともと、アングロ・サクソンのカルチャーには同じ階級の成人男性のみの集まる「クラブ」文化があった。

フリーメイスンはそのクラブ文化と、宗教戦争の争いに終止符をうって平和な共生社会を築きたいという理想が合体したところに生まれた。それがアメリカにも入ったのだが、アメリカではイギリスを追われたピューリタンたちが最初の植民者の中核をなしていたことから、「神の国」建設の実現という理想から距離を置くことはできなかった。

一方、イギリスと啓蒙思想を共有していたフランスに入ったフリーメイスンは、男性オンリーのクラブ文化ではなく男女混合のサロン文化の根づいた国に広がることになった。また政治上の理由（絶対王権がガリア教会主義によってカトリック司教の任命に関わることができた）から「カトリック国」として残ったフランスには、長い自由思想の伝統があるにもかかわらず、「民衆や子女の教育のために必須な宗教心」という建前のみが保持されていた。だから、何が何でも旧体制と決別して「神の国を実現すべし」というような宗教心はエリートたちに共有されていなかった。残ったのはこの世の設計者としての神を認める「理神論」であるがそれは無神論の穏便なかたちであったのだ。

フランスの理神論は普遍主義に基づく「自由、平等、兄弟愛」を唱え、それはアメリカにおいての宗主国イギリスに対する自由や平等や民主主義を求める運動と呼応して、フリーメイスンという橋を渡って共闘した。その時点では独立戦争もそれにつづくフランス革命も、ユニヴァーサルな自然権に基づく同じ運動だったのである。

ところが、アメリカでは、いったん独立して富を蓄積していくと、先住民政策や奴隷制に代表されるように、「自由、平等、兄弟愛」を普遍化していくことと両立しえない実情が生まれた。そのなかで到達したのが、「アングロ・サクソン・プロテスタントという共同体の利益を優先する」という合意だ。これはある意味で、元のイギリスのクラブ文化の共同体主義への先祖返りである。けれどもそれでは、フランスと共闘したフリーメイスンの理念とは合わない。そのために、革命後の帝政や王政復古、第二帝政などを目まぐるしく経験したフランスに「汚染された」というアンチ・フリーメイスン運動が生まれる。彼らにとってフランスとは「カトリック」または悪魔崇拝の「無神論」のどちらかであり、どちらも「善きアメリカ市民であるアングロ・サクソン・プロテスタント」からは唾棄され排除されるべきものになった。

しかし、アメリカの建国神話の神的存在であるジョージ・ワシントンや理論的支柱であったベンジャミン・フランクリンらは紛れもないフリーメイスンであり、フランス風理神論と近い立ち位置にいた。彼らの「フリーメイスン」性や彼らと共闘したラ・ファイエットらフランスのフリーメイスンの功績を否定することはできない。

以上のような状況から自然に、ある時は恣意的に選択されたのが、「フリーメイスンという団体の性格を変えてしまい、アングロ・サクソン・プロテスタント化する」という道であったのだ。

チャリティ活動についても同様である。

慈善活動の可視化

近代社会における社会福祉は、ヨーロッパでは主としてカトリック教会やカトリック系の社会修道会が担っていた。いや、中世においても、ローマ教会の管理下にある各種巡礼ルートに無料宿泊所や療養所が発展したし、教会、修道院はもちろん王侯貴族が、集まってくる貧者に施しを与えたり治療したりというシステムが成立していた。これらのカトリックの活動が表に出てめだつのに対して、そのようなネットワークのないプロテスタント社会では、ピューリタン的勤勉と「自助努力」の推奨もあり、カトリック的福祉は発展していなかった。

カトリック的世界観では、ある人に金や権力があるのは努力や徳が報われたからではなく、病や貧困も努力の多寡とは関係がないので、たまたま余力のある者がない者にそれを分け与えるのが義務となる。ところが新大陸で苦労したピューリタン的プロテスタントの世界観では、「勤勉や努力が富を生み怠惰や無知が貧困を生む」ので、富める者が貧しい者を助けるのは、富めるうえにさらに弱者を憐れむ徳を積むことによって死後の救済まで保証されるためとなる。

カトリック系移民の教会や修道会ネットワークを通した盛んな社会福祉に対抗するために、プロテスタント政府は、自らの慈善活動をより可視化する必要があった。それは個人も同じで、莫大な寄付をして自分の名を冠した施設や社会事業団体を創設したり、自分から通りに出て貧者に施しをしてまわったりという個々の活動が奨励されるようになった。一九世紀のアメリカで大規模な慈善団体ができていくのはそれに呼応している。

慈善のもう一つの側面は、まさに、独立戦争の理念となった理神論的フリーメイスンの「自由、平等、兄弟愛」を推し進めてしまうと人種差別や経済格差を排していく社会民主主義的な政策につながるので、それを選択しないために個別の福祉活動を奨励することでつじつまを合わせるところにある。それには単に個人がばらばらに「慈善」をしたり、フリーメイスンの性格を変えてアングロ・サクソン・プロテスタントの「クラブ化」をしたりするだけでは十分ではない。

そのために可視化されたのが職業倫理を打ち出すロータリー・クラブや地域の名士を集めて福祉を組織化するライオンズ・クラブの誕生だった。しかしそれらの団体も、決して理神論的な普遍主義ではなく、「神の国アメリカ」とその建国者を意識したものでなくてはならない。ロータリー・クラブのロータリーはロッジを踏襲しているし、ライオンズ・クラブの名称が「Liberty, Intelligence, Our Nation's Safety（自由を守り、知性を重んじ、われわれの国の安全を図る）」から来ているのは、慈善が「愛国」と結びついているからだ。

「われわれは知性を高め、友愛と相互理解の精神を養い、平和と自由を守り、社会奉仕に精進する」というライオンズの誓いからも、理神論的フリーメイスンがプロテスタント由来の神の国という共同体へと移行していく過程をうかがうことができる。

アメリカにおいては、フリーメイスンの普遍的平等を求める奉仕的性格がチャリティ団体の発展につながり、特定宗教の蒙昧に陥らずに知性を高め自分を磨くという啓蒙主義が、「自己啓発」メソードの発展につながったということだ。

けれども皮肉なことに、先述したようにフリーメイスンの方針をせっかく「政治的、哲学的（これは宗教的神学的という意味もある）な議論をせず、自己啓発、自己完成の道と、チャリティ活動に集中して中立性、透明性、公開性を重んじる」としたのにもかかわらず、フリーメイスン本体への評価がネガティヴに変質した。フリーメイスンの新方針を担う可視的部分が別のチャリティ団体や自己啓発団体へと移行してしまったために、実際はほとんど社交クラブ化しているフリーメイスンの外部にいる者にとっては、「秘密結社」のイメージや「オカルト」のイメージだけがさらに増幅されていくことになったのだ。政治的なイデオロギーとしてのアンチ・フリーメイスンは消滅したが、それは闇に潜ってサブカルチャーのなかで進化を遂げた。そこでは、本来は相容れない記号であったはずの「ユダヤとフリーメイスン」だの「ヴァティカンとフリーメイスン」だのという組み合わせが陰謀論の世界で織りなされさえする。ユダヤの場合は、国を持たずに世界中に四散している少数者のネットワークが、「隠れて謀略を張り巡らせている」という言いがかりによって差別や排斥が正当化されてきたし、プロテスタント国における新参者であるカトリックの元締めのヴァティカンはその巨大性と、中世からつづく修道会や騎士団の存在や伝説も手伝って、これも「隠れた謀略の立役者」になりやすい。

　カトリック教会は本来フリーメイスンを弾劾しているのだから、普通なら「カトリックとフリーメイスンの共同謀議」は成り立たないはずであるが、アメリカのプロテスタント社会で醸成された陰謀論においては、この二つはまるで一つのものの光と影、表と裏であるかのように組み合わされる。ルーツや本部がヨーロッパにあってヒエラルキー構造があるのに、カトリックは小教区における毎日曜のミサがあり修道会や在俗修道会というシステムがある。二週間に一度ロッジでの会合出席が義務づけられるフリーメイスンも、プロテスタントが簡素化してきたキリスト教や神話的なシンボルを多用した典礼があり、地域に根差したアトリエや研究会がある。両者に共通しているのは伝統に基づいたブランド力であり、広さと緻密さを持つネットワークを利用できるソフト・パワーなのだ。

それだけではない。アメリカの連邦政府そのものも、州や自治体に根づいているクラブ気質とはそぐわない大規模のブラック・ボックスであるから、ＮＡＳＡ、ＣＩＡ、ＦＢＩによる陰謀論もつぎつぎと生まれてきた。そのなかに、「建国の父の時代から途切れることなく連邦政府の中枢に巣食う闇の組織」フリーメイスンを配するパターンが加わったのは不思議なことではない。逆に言えば、「闇の組織フリーメイスン」という幻想が、州や自治体が警戒する連邦政府の「あやしい」部分や曖昧なゾーンを呑み込んでいたことが、二〇世紀に覇権国家として躍進するアメリカの連邦政府の強権を担保していたのだ。

さらに言えば、宗教戦争の時代に一神教諸宗派の抱く創造神のイメージを「宇宙の大建築家」にまとめ上げていたはずのフリーメイスンを世俗の愛国クラブ化してしまったことの反動が、後のアメリカで広がったキリスト教原理主義や福音派による天地創造説、神によるグランド・デザイン説として現れたのかもしれない。それは科学技術の発達とともに顕著になった。発見されていく科学法則に基づく最先端技術を前にすると人は自然界の摂理の偉大さにあらためて驚異の念を抱き、宇宙や世界の制度設計をした「誰か」の神性や聖性を崇めることにつながるのだ。「裏」であるフリーメイスンの典礼から神話性、聖性が希薄化した分、「表」の教会が科学万能主義の暴走を緩和する方向に先鋭化していったケースなのだろう。

そう考えると福音派の天地創造説などは時代に逆行した蒙昧への回帰などではない。理神論のヴァリエーションの一つであったフリーメイスンがチャリティ親睦団体と化したり、公的なプロテスタントの礼拝が近代的で散文的になったりする一方で、科学技術の発展にともなう実存的な不安とのバランスをとるために宗教原理主義が形成されているのだ。アメリカにおけるフリーメイスンの「変質」

はさまざまな影響をもたらした。

つぎに、啓蒙主義と普遍主義によって連帯してアメリカ独立戦争をともに戦った後でフランス革命とその後の激動の時代を経たフランスのフリーメイスンのたどった道を見てみよう。

保守的な愛国者とインテリ＝左翼＝無神論者

アメリカに対して、フランスのフリーメイスンは初期から現れたリベラルなサロン型の普遍主義を維持した。いや、フランス革命が過激化してからの混迷やナポレオンによる帝政とローマ教会との和親条約《コンコルダ》を経て、王政復古や第二帝政やさらなる革命などを経て、時の権力に管理されたり迎合したりをくりかえしながら、その都度、アイデンティティを「フランス革命」の理念に引き戻した。それは一八七〇年成立の第三共和政以降のフランスが共和国の建国神話としてフランス革命を語りなおした政策と一致する。それを徹底するためにフランス最大のフリーメイスンであるグラントリアンは理神論に由来する「宇宙の大建築家」という言葉すら憲章から削ることになった。その結果、フランスのフリーメイスンは大きく分けて二つの傾向に分かれた。

ひとつは保守的な愛国者でカトリック教育や文化の流れに残る人びとが、共和国の平等主義とは別のところでエリートによる裏の親睦と利益誘導団体、ロビーを形成しているもの、もうひとつは、インテリ＝左翼＝（理神論の発展形としての）無神論者たちによる政治的なロビーである。ところがフランスの建前としての普遍主義は表向きの「ロビー」文化を排除しているので、これらのフリーメイスン組織はいずれも、アメリカとは違って秘密結社の匿名性を維持している。この二つは必ずしも別々の組織というわけではなく混合している。そのいずれにも教育社会主義とでもいうべきフランスのナポレオン以来の国公立エリート校出身者のスノビズムがある。しかしそのスノビズムやエリート主義は本来共和国の平等主義とは合致しないから、それもフランスのフリーメイスンが匿名性を維持する要因となった。フリーメイスンのあいだで論議された法案が保守政権の下でも超党派的に通過することがあるのはそのためだ（一九七五年施行の人工妊娠中絶法など）。

しかし、インテリ＝左翼＝無神論者タイプのエリートがいったん政権につくと不都合なことが起こる。在野の時にはフリーメイスンであることを隠していない政治家が少なくないからだ。

二〇一三年の春、スイスの銀行に隠し口座を持っていることを公に否認していた社会党政権の予算担当大臣ジェローム・カユザックが辞職し、その後でついに嘘を認めて社会党からも除名されるという事件があった。社会党のエリートたちが「清貧」だとは誰からも思われていないし、「公約の嘘」もつぎつぎと露見していたのだが、このような「わかりやすい嘘」で躓《つまず》く政治家を前にして、やはり失望や怒りの声が上がった。テレビのニュースでは、ホワイトハウスでは大臣の資産などの個人情報はあらかじめ根掘り葉掘りチェックされるのだと、アメリカのピューリタンのメンタリティを賞賛するようなレポートを流していた。

四月五日にグラントリアンの会議があって、内部の調査があること、推定無罪は尊重するが共和国に起訴されているあいだはロッジから排除される旨が発表された。カユザックは外科医なので医師会も除名があり得るとしている。しかしこれもカユザックがフリーメイスンだと公表されているからのことで、もし他の知られていないメイスンが脱税者となった場合は内規に従って除名されてもそれは一般には公表されないということかもしれない。カユザックの場合は特に、政府の他のメンバーもグラントリアンの会員であることを隠していないから、火の粉が飛ぶのを恐れて切り離したということだろう。

　フランスにおけるフリーメイスンと政治、宗教の関係については、フランス革命にまでさかのぼって次章1節の「フリーメイスンとプロテスタント」で、さらに第五章「政教分離《ライシテ》とフリーメイスン」でより詳しく述べよう。

コラム②　アメリカのジャズとフリーメイスン

　アメリカのフリーメイスンは独立戦争と南北戦争を経てアングロ・サクソン・プロテスタントのチャリティと自己啓発型の社交クラブへと変質しながら、地域のプロテスタント教会の裏の一角となっていった。ところが、地域のプロテスタント教会はアメリカ社会の反映であるから白人用と黒人用に当然分かれていた。そこで黒人プロテスタント教会にも、それに対応するかたちで黒人用のフリーメイスンが創設された。ほとんどすべてが白人からなるメインストリーム・メイスンと呼ばれるものに対して、創設者の名をとってプリンス・ホール・メイスンと呼ばれるものである。

　アメリカの黒人のゴスペル・ソングから生まれたブルースやジャズといった音楽ジャンルは、このプリンス・ホール・メイスンを抜きにしては語れない。

　黒人が自由に集まることのできる場所はまず教会だった。ジャズの誕生に大きな役割を果たしたのは、プロテスタント教会ではなく、ルイジアナ州ニュー・オーリンズのカトリック教会である。ルイジアナはフランスのルイ（ルイ一四世）の名に由来し、ニュー・オーリンズ（一七一八年に誕生）が「新オルレアン」（英仏百年戦争でフランスの勝利のきっかけとなったロワール河畔の町）という名であることからもわかるように、一六九九年から一八〇三年にナポレオンが手放してアメリカに売るまでフランスの領地だった。

ニュー・オーリンズのジャクソン広場に建てられたアメリカでの最初のカトリック教会は、当初カナダのケベックの司教区に属していたが、後にセント・ルイス（聖ルイ）・バジリカ大聖堂となりルイジアナ大司教区のシンボルになった。フランスから離れて資金提供がなくなった後は、政教分離で公金の援助のないアメリカでの勢力は衰えたが、シンボルとしての地位は揺るがなかった。そんなニュー・オーリンズのトレメ地区には、小さな白い木の鐘楼を持つセント・オーガスティン教会がある。

ジャズの「発祥地」となったこの教会がカトリック教会であったことは偶然ではない。

一八四二年に建てられたこの教会は、他のアングロ・サクソン・プロテスタント社会の教会とちがって、白人も黒人（奴隷も解放奴隷も）もともに集まることのできる場所であった。アメリカにおける黒人のための最初のカトリック教会でもある。ニュー・オーリンズは単にフランスやカナダからやってきたフランス系アメリカ人がいたところではない。メキシコ湾に近いのでスペイン系のカトリックもいたし、今でもフランスの海外県であるカリブ海のサトウキビやコットン、タバコ栽培のプランテーションや造船業から移動してきた人びとがいた。市の条例は黒人の虐待を禁じていた。一九世紀末には同じカトリック系のイタリアやドイツやアイルランド系の移民がやってきて町は国際化したが、シチリア移民によってマフィアの横行もはじまった。カトリックがマジョリティの人口三〇万人の都市になっていたが、ジャズの原動力となったのはフランス系のハイチからやってきたコミュニティだ。彼らはセント・ピーター通りとセント・アン通りのあいだのサーカス・スクウェアに集まって、太鼓や手拍子に合わせたアフリカ風の歌や、ヨーロッパの影響を受けたダンスでシンコペーションを多用したラ・バンブーラ、カリンダなどを踊るパフォーマンスを繰り広げた。

当時のニュー・オーリンズはすでに二つの地区に分かれていた。怠惰で植民地的でお祭り好きのフランス地区と、厳格で商売熱心なアングロ・サクソン地区だ。アングロ・サクソンたちはこのような祭りを禁止しようとしたが、フランス系クレオールはそれに反対した。隣接するアラバマやジョージアなどでは黒人はプロテスタントの「主人」によって教育され、洗礼派、メソジスト、ペンテコステ派などのなかで自己表現や希望を見つけようとした。プロテスタントはカトリックよりも旧約聖書を読んでいるから、黒人たちは奴隷状態だったユダヤ人がモーセに導かれてエジプトから脱出したという話に自分たちの運命を重ねた。

ドイツ系のルター派は教会のなかで福音書を歌うコーラスを組織し、それは南部の白人教会にも黒人教会にも定着した。黒人霊歌はそのようななかで生まれたが、ゴスペルは「教会の内部」にとどまった。一方で、フランス＝カリブ海系のニュー・オーリンズでは、大多数がカトリックである黒人たちは、メヌエットやポルカ、ロンドなど、一七世紀後半からつづき貴族からブルジョワへと受け継がれてきたバロック・ダンスのステップを習得してゴスペルやキューバの音楽に合わせて公共の場所で歌い踊っていたのだ。クレオール語（この地域ではフランス語との混交語）でこの頃に生まれた最初の歌は白人にも受け継がれていく。合衆国に併合されたにもかかわらず、この地の人種対立は少なく、黒人の商人、職工長、職人などが普通に見られた。

セント・オーガスティン教会を中心に広がっていったこの音楽活動は、やがてアメリカ全土に広がることになるのだが、それを可能にしたのが黒人フリーメイスンのネットワークである。ジャズメンたちはニュー・オーリンズのメイスン・ロッジ「イーグル・サルーン」や「オッド・フェローズ」で腕を磨いたとされる。ニュー・オーリンズにはフリーメイスン以外の「結社」に近い「兄弟団」もあり、ルイ・アームストロングが「兄弟」や「ロッジ」と語っていたのは「デルフィの騎士団（Knights of Pythias）」のことだ。パレードや葬送に音楽を多用する環境では、カトリック教会、ヴードゥー教、カリブ海、ハイチの民間信仰にフリーメイスンの秘教主義が溶け合って独特の諸教混淆《シンクレティズム》を形成していた。アフリカ由来のイニシエーションに、ヨーロッパ由来の騎士道（音楽とダンスは騎馬と剣術と並んで騎士の必須習得科目だった）とカーニヴァル（復活祭前の四旬節に先立つ祭り）のテイストが入り組んで新しいタイプのアートが生まれたのだ。音楽は出会いと連帯のツールとなった。それを容易にしたのがフリーメイスンだ。

いわゆる「公式な記録」はもちろん存在しないが、デューク・エリントンやジョン・コルトレーンらがメイスンであったことは知られているし、ジャズ奏者の残した自伝がその実態を物語る。サックス奏者のレスター・ヤングの楽団にいたドラマーのハリー・ディアル（一九〇九〜五九）の例などがある。ニューヨークのハーレムにあるヒラム・ロッジ#4は「ミュージシャンのロッジ」と呼ばれていた。ここで数々のジャムセッション（即興演奏）がおこなわれ、戦前のニューヨークのジャズの中心となっていたという。

ロッジが主催して教会でコンサートをすることもあった。サクソフォニストのガーヴィン・ブッシェルも、あるロッジで指揮者の追悼のためのコンサートをメイスンだったメンバーとともに開催したことや、ブルースの父と言われるW・C・ハンディと同じく、メイスンだったおかげで白人農夫のメイスンによってリンチから救われたことを証言している。ベーシストのミルト・ヒントンは一九三〇年代にキャブ・キャロウェイのビッグ・バンドで弾いた時のことを回想する。

オーケストラの多くのミュージシャンがフリーメイスンだった。私も、キャブもそうだ。ほとんどはセント・ポールのプリンス・ホールNo.1のパイオニア・ロッジでイニシエーションを受けていた。この町で弾くたびにロッジに顔を出すことにしていた。その時にオーケストラの誰かが仲間に加わりたいと言えば我々の一人が推薦人になってイニシエーションをオーガナイズした。でも我々は十分な人数だったので演奏のために移動しながら自分たちで定期的な集会を開くことが可能だった。時にはバックステージで短い集会や朗読などをした。新入会員にはフリーメイスンの実際の意味や毎日の生活のなかでどのように役立てるかについて教える時間を持つようにした。

メイスンであることは神聖だ。多くの秘密があるのでその中身を語ることはできない。それは聖書に基づいたモラルのシステムなのだ。メイスンだけがわかる合図《サイン》やシンボルがたくさんあり、外部の人には理解できないだろう。フリーメイスンの一番の問題は人種との関係だと私はずっと思ってきた。白人と黒人を分けることができないはずなのに分かれていた。それは（メイスンの）哲学に完全に反することだ。けれどもメイスンになってからその枠内で人種問題について発言することができるようになった。ある人がメイスンだというだけで正しいと認めるようなことはない。もし誰かの行いが妥当でない時、つまり自分で従うと誓った規則を破る生き方をしていたら付き合う価値はないと考えた。

この証言は、ジャズ・ミュージシャンの全国興行が、音楽だけではなくそのまま世代間のモラルや人種問題への考察などの伝達の場になっていたことを物語る。それは人種差別と分断が生きている公的な場では不可能なことだった。プリンス・ホールからマーティン・デラニィまで、フリーメイスンを通してジャズ・ミュージシャンは黒人の誇りと差別からの解放の意志を強固にしていった。キャブ・キャロウェイ、デューク・エリントン、カウント・ベーシー、アール・ハインズ、ライオネル・ハンプトンといった代表的な楽団のトップがメイスンであった事実は看過できない。

フリーメイスンがジャズの成立にとって果たした役割は、職業的なメリット、全国的なネットワーク、黒人に対する先駆的社会的保護、文化的、政治的、霊的な教育の場の提供、ジャズ誕生の歴史と意味を継承する場となったことなどだ。

モーツァルトがロッジのために作曲したような意味での「フリーメイスン・ジャズ」に相当する曲は残っていないが、フリーメイスンのエスプリを通したジャズ・ミュージシャンの連帯意識というものがあり、ジャズを育ててきたのはたしかなようだ。

黒人だけではなく職業における流動性の高い白人アーティストのあいだでも、フリーメイスンのネットワークは重要な役割を果たした。ハリウッドではジョン・ウェインやセシル・B・デ・ミルなどの映画人がメイスンとして知られているし、カントリー・ミュージックのチェット・アトキンスやジーン・オートリー、ブロードウェイのバラエティやミュージカルのジェローム・カーン、アーヴィング・バーリンなど、また白人のジャズ・ミュージシャンであるグレン・ミラーやポール・ホワイトマンなどもフリーメイスンのメンバーだった。けれども人種差別を受けている黒人アーティストにとってフリーメイスンが持つシンボリックな自由と兄弟愛の力は特に大きかった。ヴォードヴィルのバート・ウィリアムスはアメリカでは無理だったが、スコットランドのエディンバラで白人ロッジの正式メンバーとなった最初のアフリカ系アメリカ人だった。黒人アーティストにとってのフリーメイスンはキリスト教の教会ネットワークを補完するもので、本来のキリスト教が標榜するはずの普遍主義や平等主義が黒人差別を解消していなかった時期に象徴的な役割をはたしていたと言える。白人のバンドと共演しアイゼンハワー大統領の前でも演奏したニュー・オーリンズで活躍したジャズマンだったオスカー・セレスティンの葬儀がメイスンによって執り行われたことは、一九五六年当時の雑誌でルポルタージュ記事にもなっている。

第二次世界大戦後にはジャズメンのフリーメイスン離れが進んだ。レコードのジャケットやポスターなどにはピラミッドなどのメイスン風意匠が残ったが、霊的アイデンティティをより非ヨーロッパ的なものに求める傾向が強くなった。イギリス領インドで一九世紀末に生まれたイスラム教の分派であるアフマディィヤ派は、戦後のアメリカでエキゾティックなものとして人気になり、この派への改宗もおこなわれるようになる。

キャブ・キャロウェイやオスカー・ピーターソンらとともに一九三七年にフリーメイスンとなっていたビバップのドラマーであるケニー・クラークは、一九四六年にニューヨークでアフマディィヤ派に改宗している。チャーリー・パーカーやジョン・コルトレーンらもそれにつづいた。六〇年代のフリー・ジャズと、マルコムXやブラック・パンサーらの急進的政治運動は連動していた。マルコムXは同じ黒人差別撤廃運動の穏健なキング牧師とちがってプロテスタントからイスラムに改宗している。その空気のなかでは「ヨーロッパ的な」フリーメイスンは次第に「時代遅れ」とみなされるようになったのだ。黒人のイスラム改宗者はメッカに巡礼に行って「白人」（アラブ人）からの差別のないことに感動したという。当時のアメリカではムスリムが超少数者であったから、白人社会から離脱する意味でも魅力があったものと思われる。そんな戦後のジャズの世界では、フリーメイスンは、秘教的なもの、エジプト趣味などが取り入れられるカウンター・カルチャーの一要素になった。サン・ラ・アーケストラで一世を風靡したジャズ・ピアニストのサン・ラはファラオのコスプレでも知られる宇宙的で神秘的な諸教混淆《シンクレティック》なメッセージを発した。フリーメイスンは音楽を通した黒人たちの自由の希求、自己実現の実用的なツールではもはやなく、サブカルチャーのアイテムとなったのである。

（このコラムの主な参考文献：Raphaël Imbert《JAZZ》dans le *Dictionnaire de la Franc-Maçonnerie*）

第三章　フリーメイスンと宗教

1　フリーメイスンとプロテスタント

欧米のふたつの潮流

近代フリーメイスンが誕生したのは宗教改革以来の紆余曲折を経てプロテスタント国になっていた一八世紀のイギリス（イングランド）である。そのせいか、フリーメイスンとプロテスタントには親和性があるとか、フリーメイスンにはプロテスタントが多いと言われることがある。その実態はどうなのかというと、やはり、国によって時代によって違い、地政学的にも変わってくるので、欧米をひとくくりにすることはできない。

アメリカのようなプロテスタント国においてはフリーメイスンが地域の社交クラブのように機能している場所もあるが、「教義」的に考えると、フリーメイスンはそもそも「キリスト教」と相容れないので特にプロテスタントと相性がいいというわけではない。

フリーメイスンとプロテスタントの関係を見ていくには、カトリックという補助線がどうしても必要である。なぜならそもそもプロテスタントとはローマ・カトリックの一派独占であった一六世紀のヨーロッパでカトリックにプロテスト（異議を唱える）することによって成立してきたからだ。そのことによってカトリック自体も内部改革を余儀なくされたし、長くつづいた宗教戦争によって多くの地域が荒廃し、何とか住み分けが成立した後で、ヨーロッパはもはや以前の状態には戻れなくなった。何が決定的に変わったかというと、「信教の自由」という近代的な概念が生まれたことだ。それまでにも支配者としてふるまったローマ教会と世俗の王たちのあいだに利権争いがあったり、宗教の名による被支配者たちの抵抗運動があったりしたが、一国内での異宗派の住み分けや共存ということは考えられなかった。互いを「異端」として破門しあいながら殺戮をくりかえした後で、政治的経済的な妥協の必要にせまられた。宗教戦争の終結をしなければならなかったヨーロッパの各国は、一枚岩であることを手放したのだ。

同時に、現代の国際社会のスタンダードの基盤をなすと言われる「欧米」世界に、はっきりと異なるふたつの潮流が生まれた。宗教戦争の後に展開した近代革命や近代社会では、ローマ・カトリック経由のものとプロテスタント経由のものとが分かれたのだ。

少しばかり《はめを外す》装置

古代や中世の共同体においては、人びとはすべての事象を神や宗教によって正当化したり意味づけたり説明したりしてきた。共同体の宗教は単なる義務ではなく成員一人一人のアイデンティティに組み込まれた一要素であり、封建社会においては神によって与えられた土地を有する階級とそれに仕える階級という構造を担保していた。「信教の自由」こそは、近代社会の誕生に必要不可欠の最初の動因となるべきものだった。

けれども、プロテスタントは近代の大波が寄せる少し前に「信教の自由」を掲げて戦ったので、それを勝ち取った国やそれを掲げて「建国」した国においては、その「成果」を守ろうとするあまり不寛容になったり排他的になったりするケースがでてきた。それとは逆に、宗教戦争の後、社会秩序が根っこのところで崩壊したのに政治的経済的に折り合いをつけていく戦略をとったカトリック国では、いまだ到達していない「信教の自由」への期待が健在で、ポテンシャルが高まっていたのである。

だから、「フリーメイスンとプロテスタントの親和性」は、カトリック文化圏におけるものとプロテスタント文化圏におけるものではまったく性質を異にする。プロテスタント国でクラブのように育まれてきたロッジと、カトリック国においてカトリック教会を「共通の敵」とする目的でプロテスタントを受けいれてきたロッジでは事情が違う。

プロテスタントとフリーメイスンではその信ずるところの本質から典礼のかたちにいたるまでじつは正反対であるのだが、例えば近代フランスのような反教権主義（ローマ教会の権威を排除する）の国においては、「共和国」樹立のために有用な妥協や誤解が容認されてきたのだ。

フランスではいまでも、社会的にマイノリティであるプロテスタント家庭で育つ子女は信教の自由、思想の自由、寛容と早くから開放を意識化させられるので、同じようにカトリック教会から弾圧されてきたフリーメイスンに自然と親近感を持つ人が多い。しかしそれを期待してフリーメイスンに入会した人が、フリーメイスンの内部のヒエラルキーの複雑さや典礼の荘厳さに驚いて、これではまるで中世のカトリック教会ではないか、とショックを受ける場合もある。

プロテスタント史専門のパトリック・シャバネル教授は、フリーメイスンはプロテスタントにとって、ユダヤ人フロイトが発明した精神分析と同様の役割を果たしているのではないだろうかと推測する。カトリック教会には司祭と一対一での告解と免償のシステムがある。人が各自抱える罪悪感や秘密を第三者に打ち明けて赦しを得ることで解消できる場がキリスト教文化圏には根づいていたので、そのなかで生きるユダヤ人や、プロテスタントや無神論者にとってフリーメイスンがそれに代わる場所を提供していたというのだ。

告解だけではない。プロテスタントの家庭や地域に生まれたが故にカトリックに転向できない人や無神論や反教権的共和国主義のせいでカトリックを捨てた人のなかでも、長いあいだマジョリティであったが故に寛容な社交の場であったカトリック教会の諸行事や共同の典礼が果たす役割を認めることがある。聖人崇敬をはじめとするカトリック典礼の演劇性、スペクタクル性はカルヴァンが憎悪し禁じたものだが、フリーメイスンはその欠如を補完して演劇性を味わわせてくれるのだ。いわば、「謹厳なプロテスタントが定期的に少しばかり《はめを外す》装置」としてフリーメイスンが機能した。しかも、フリーメイスンの典礼においては、カトリックだけではなく、ユダヤ、エジプト、東方キリスト教、錬金術と共和国主義とが総花式にミックスしているのもある種の人びとには魅力的だった。

この傾向はヨーロッパの二〇世紀末の一部インテリ階級に現れた「チベット仏教ブーム」にも通じる。フランスでは一九六八年五月革命以来、「インテリ＝左翼＝無神論」がセットになったベビー・ブーム世代の若者たちの多くが子ども時代に通ったカトリック教会から離れたが、政治の季節が終わると霊的な共同体を必要とした。そこに現れたのが宗教戦争の確執の手垢のついていない仏教であり、特に、中国に侵略された後で亡命を余儀なくされたチベット仏教のラマたちである。五感に訴える密教の典礼は伝統教会のものに近い。しかも、どんなに仏像を礼拝し活仏であるラマの前で五体投地しても、仏教は「無神論」だとみなされているからそれらは偶像崇拝ではなく、仏像やラマが体現している智恵や真理を拝んでいるだけなのだ。この種の「仏教帰依者」のサークルで、教会やシナゴーグから離れたカトリック、ユダヤ、プロテスタントの人たちが典礼を共有したり世界の人権運動に積極的に関わったりしている様子は、一世紀前のフリーメイスンの果たしていた機能を彷彿とさせる。

カトリックからの自由か、信じるか信じないかの自由か

そもそも近代の思弁的フリーメイスンの憲章を起草したジェームス・アンダーソンはスコットランドの長老派教会牧師だった。それを完成したジャン・テオフィル・デザギリエはフランス人牧師の息子で、自らもイギリスの国教会の司祭になっている。初期のフリーメイスンはいまだローマ教会の支配がマジョリティであるヨーロッパ大陸に対抗してグレート・ブリテンに寄与するために聖公会のなかで生まれた。宗教的というより政治的なウェイトが大きい。フリーメイスンはキリスト教的伝統のなかで生まれたが、プロテスタント神学とは本質的に一線を画している。近代フリーメイスンの憲章のなかで最もプロテスタント的なのは、その掲げる「自由」が、宗教改革に由来する信教の自由である点だ。もともと、ローマ・カトリック一色だったヨーロッパでのプロテスタントの成り立ちには政治的なものがある。すなわち、プロテスタントが登場したといってもイギリスの国内の教会においては、その首長がローマ教皇からイギリス国王に乗り換えられたかたちであり、ドイツにおいても領邦国家の大公の優位が確定してしまった。言い換えれば、宗教に関する権益を国の支配者がいったん掌握すれば、今度は「その宗教」の排他的存続が必要とされる。

「信教の自由」とは、長期にわたるローマ・カトリックの支配からの解放の自由であって、「キリスト教」そのものからの自由ではない。宗教戦争の末に獲得した信教の自由の近代性は、やがて近代の「国家主義」に至るような共同体が自由に宗教を選択できるという部分だった。ドイツでは大公の選

択した宗派と別の宗派の者は別の大公国へ移住したし、自教会主義（ローマ・カトリックではあるが司教の任命権は国王にあり教皇の回勅の施行は国会の承認を必要とする）を打ち立てたカトリック国のフランスでは、多数のプロテスタント信者がドイツのプロテスタント国やスイスへと移住した。

その結果、権力が絶対王政の王に集中したとはいえ昔ながらの「カトリック教会」傘下にとどまったフランスで醸成された啓蒙主義と近代革命が掲げた「信教の自由」とは「信じるか信じないか」の自由を意味するようになった。プロテスタント国におけるような「カトリックを離れる」自由ではない。アンダーソンの憲章には、そのような「無神論＝無宗教」型信教の自由と相容れない部分があり、それはその後もフリーメイスン内での議論の対象となっている。その部分を見てみよう。

> メイスンはその名において道徳律に従わねばならず、そのアートをよく理解するならば、愚かな無神論者にも反宗教的リベルタンにもなることがない。過去においてはメイスンも何であれそれぞれの国や国民の宗教に属することを余儀なくされたが、今や最も推奨されるのは各自の信条を差し置いてすべての人間が受け入れる『善良で正直な人間、名誉を重んじる誠実な人間』という宗教に帰依することであり、そうすることで、メイスナリーとは、それなしには永遠に交わることのない人たちに真の友情を築くことを可能にする統合の中心となる。

このなかでは、同じ一八世紀のフランスでは社会の地下水脈としてその存在をたしかにしていきつつあった「無神論者」や「リベルタン」が愚かで反宗教的だと断言されている。プロテスタント国ではすでにローマ教会との離別は終わっていたが、政治的な支配者が新しいプロテスタント教会の首座におさまっていたので、「政教分離」を唱える必要がなかったばかりか、反宗教や無神論的な思想傾向は不都合なものであったのだ。

この決定的な違いが、その後、そのままプロテスタント国のフリーメイスンとカトリック国のフリーメイスンの違いにつながり、それは二一世紀のいまでもつづいている。

フランス革命の陰謀説

プロテスタント国のフリーメイスンは、カトリックを否定することによって失われた典礼や守護聖人の名を冠したさまざまな互助組織、兄弟団に代わるサブ宗教組織、社交クラブとして機能した。一方、カトリック国でのフリーメイスンは、プロテスタントとは宗教的に親和性がないのに、マイノリティのプロテスタント信者が啓蒙思想を議論できるクラブとして機能した。

フランスのプロテスタントは、宗教戦争（ユグノー戦争）を経てカトリックに改宗したアンリ四世のナントの勅令（一五九八）によって共生が認められた時代を経て、絶対王政のルイ一四世の時代にふたたび禁止されている（一六八五）。しかし、ナントの勅令が宗教の所属よりも市民の義務を優先させるという「都市民のシステム」を育てた後の時代においては、もはや以前のように所属宗教をイデオロギーとすることは不可能になっていた。

結局、一七八七年には「寛容の勅令」によってプロテスタントはふたたび市民権を回復した。フランス革命を準備した時代のフランスでは、フリーメイスンのロッジだけが、聖職者、カトリック、プロテスタントから国王の側近に至るまでの啓蒙思想家たちが自由にそして平等に議論できる場所となっていたのだ。そこにいた貴族たちは強大な権益を所有していたカトリック教会に対抗していた。彼らの社会的な異議申し立ては、教義を無視するという含意も含む「信教の自由」や「自由意思の行使」と結びついていたが、それが、プロテスタント（フランス語で「抗議する人たち」という意味である）と混同されていた。

事実は、プロテスタント、特に初期のカルヴィニズムは、フリーメイスンの掲げる「自由と自由意思の行使によって徳が到達する自己実現と世界の救済」の考え方とは相容れなかった。のちにカール・バルトらプロテスタント神学者が苦労して緩和してきたが、カルヴァンの教義は人間に対する強いペシミズムに裏打ちされたもので、人はその行いによっても、信仰の深さによってさえ、神からあらかじめ決められた恩寵の徴《しる》しをうかがうことはできないのだ。啓蒙の世紀のフランスのプロテスタントは、フリーメイスンのロッジにおいて神の恩寵の徴しを見ることができた。マルセイユ、セダン、ラ・ロシェル、モントバン、ボルドーといった地域では、革命時にはプロテスタントがロッジの過半数を占めていた。革命政府に連なった一七人の牧師のうち、七人がフリーメイスンであった。

一八世紀においてフリーメイスンのロッジが近代革命を用意する啓蒙思想家の自由な討論の場であったのは事実だが、時として語られるようにフリーメイスンやプロテスタントがフランス革命を先導した立役者であったというわけではない。フリーメイスンとプロテスタントが普遍主義と個人の自由を保障する「共和国主義」の理想のもとに真に結びつくためには革命後さらに二世代を経る必要があった。なぜなら革命後のフランスが恐怖政治、ナポレオン戦争、王政復古、第二次帝政など目まぐるしい政治的変化のなかで、近代以前にはなかったナショナリズムを育てていったからだ。ナポレオン戦争でそれまでの職業軍人である貴族階級や傭兵とは別の「国民軍」が形成され、ナポレオン以降のヨーロッパ大陸そのものにそれぞれの国のナショナリズムが芽生えた。フランスでそれを担う中核となったのが革命時代にいったん弾圧されていたカトリック教会に拠点を置くカトリック保守派である。一方には彼らから「アンチ・フランス」として憎悪されるグループがあり、それが、フリーメイスン、プロテスタント、ユダヤ自由主義、世俗化したカトリックであり、彼らは、その信条が異なっているにもかかわらず、自由、平等、友愛の共和国理念の共有と、カトリック保守派による「ナショナリズム」の煽動に敵対する共通点によって結びついたのである。共和国神話が彼らの共通のアイデンティティを錬成した。そのなかで、プロテスタントがフリーメイスンに自らを重ねた一面はある。それが近代陰謀論の先駆ともいえるカトリックのバリュエル神父によるフランス革命陰謀論の一因となった。

フランス革命は国王とカトリック教会の二つの権威を否定した。その衝撃と混乱とのなかで、国を追われた人びとが聖俗の既成権威から自由であるフリーメイスンなどに、革命の「首謀者」の姿を託すようになったのは不思議ではない。

フランス革命にまつわる陰謀論を最初に唱えたのはカトリック教会の聖職者オーギュスタン・ド・バリュエル神父だ。一七九二年に国外に亡命したバリュエルは、一七九七年から二年をかけて『ジャコバン主義の歴史のための覚書』という四巻本をロンドンとパリで出版し、フランス革命は、啓蒙思想家とフリーメイスンとバイエルン・イルミナティ（バイエルン啓明結社）による共同謀議によって準備されたと述べた。この本は後々まで大きな影響を与えることになる。同年に書かれた、スコットランドのメイスンであるジョン・ロビソン教授の『ヨーロッパのすべての宗教と政府に対する陰謀の証拠 *Proofs of a Conspiracy against all the Religions and Governments of Europe, carried on in the Secret Meetings of Free-Masons, Illuminati and Reading Societies, etc., collected from good authorities*

(1797)』とともにフランス革命陰謀説とフリーメイスン陰謀論の嚆矢《こうし》となった。イルミナティはバイエルンというカトリック国にあった反権力派団体でフリーメイスンを吸収していたが、反啓蒙運動によってバイエルンから追われた。

フランス革命をめぐる「事件の黒幕」陰謀説には二つの特徴がある。

その一つは、妄想が繰り広げられていないことだ。陰謀説のなかでイルミナティが糾弾されているのは彼らの秘密裡の「革命構想」であって、彼らがそれにしたがって実際に何かをしたというアクションではない。フランス革命が勃発した時点でイルミナティが公にも水面下でも消滅していたことは、当時にあっては周知のことだった。イルミナティが実際に具体的にどのような行動を指揮して王制や宗教を倒したのかという証明をすることはバリュエルにとって不可能なことであり、それを想像によってでっちあげることもしなかった。イルミナティは、革命を遂行したから弾劾されたのではなく、それを「謀議」し、望んだことの責任を問われたのである。

実際、フランス革命がバスティーユ監獄襲撃というあのようなかたちではじまったのは、だれにも予測のつかないことであったし、その時点ではだれも国王の処刑など考えてはいなかった。多くの偶然や思惑や熱狂や群集心理や運命の歯車に動かされて、フランス革命はテロルと呼ばれる恐怖時代に突入し、ヨーロッパ中を戦乱に巻き込んでいったのだ。革命の指導者たち自身がつぎつぎと暗殺されたりギロチン台の露と消えたりした。自分たちの夢見た理想であったはずの共和国が、今や手に負えぬ怪物となって国中を血まみれにして喰い尽くそうとしていたのだ。その怪物は誰にも操られずに暴走していたのだから、責任を「怪物」に押しつけたところでどうなるものでもない。怪物の誕生を望んだグループが名指されて、名指されることで、責任をとらされたのである。

最初の陰謀説における二つ目の特徴はなにか。それはそれがその後の近現代陰謀論に適用されていったその過程だ。後のデヴィッド・アイクやアレックス・ジョーンズらの陰謀論を見ると、「啓蒙主義者＋フリーメイスン＋イルミナティ」の組み合わせであったはずの陰謀が、「カトリック教会＋フリーメイスン＋イルミナティ」の組み合わせになってしまっている。バリュエルは、ローマ教会のスパイとして逮捕されたようにカトリック教会の聖職者であったし、ロビソンもスコットランドのフリーメイスンであるからキリスト教徒である。聖職者のなかにも啓蒙思想家は少なくなかったが、革命がそこまで過激な反宗教に展開するとは彼らにとって予想外のことだった。ましてや保守派の聖職者にとって、自分たちは革命の完全な被害者である。イルミナティは自分たちを陥れた奸計をめぐらす悪魔に他ならない。実際、一九世紀末には、ユダヤ人やフリーメイスンを悪魔だとするカトリック保守派文学までが生まれている。ところが、陰謀論の文法はお約束通り「すべての要素の統合」へと向かい、いつのまにかフリーメイスンもイルミナティもカトリック教会も、共同謀議に入ってしまった。しかも、陰謀論者たちがその根拠として引用するのは、謀略者であるところのカトリックの聖職者であるバリュエルや、フリーメイスンであったロビソンの述べたことなのだ。けれどもその矛盾は不問に付されるばかりか、後は、陰謀論の宇宙のなかで、引用の引用がつぎつぎとコピーされていくばかりだから、バリュエルやロビソンの出自は完全に忘れ去られることになる。

近代フランスのプロテスタント・メイスンたち

ともあれ、フランス革命とそれにつづくテロルとナポレオン戦争という激動の時代のトラウマと、それをもたらした悪魔としてのフリーメイスンやイルミナティの印象が、その後のヨーロッパ人の集合的無意識に深く根をおろしたのはまちがいない。陰謀論はその土壌に生まれ、人びとの不安とトラウマを養分にして肥大してきたわけだが、一方で、「フランス革命を準備して成功させ、それによってカトリック教会を排除したフリーメイスン」という神話も同時に根づいていった。そのうえ、一九世紀のカトリック保守派がユダヤ人やフリーメイスンを「悪魔」とみなしていたから、フランスのプロテスタントがフリーメイスンを「共和国主義」のシンボルと考えて接近したり参加したり共闘したりするようになるのはごく自然な成り行きだった。「敵の敵は味方」というわけだ。

ここでは何人かの代表的な人物を挙げよう。必ずしも急進的な共和国主義者ばかりではなく、王政復古時代の体制派も存在する。

フランソワ・ギゾー（一七八七～一八七四）の父はフランス革命における宗教の全否定の空気のなかで隠密に説教をつづけたプロテスタントの牧師で恐怖時代にギロチンにかけられた。フランソワ・ギゾー自身は一八三六年にフリーメイスンに入会したが、穏健なリベラルからブルジョワ的保守派に進み、王政復古後の一八三〇年の七月王政で王位についたルイ・フィリップ王の大臣となり、親英政策を進め、公立小学校を一万から二万三〇〇〇に増やした。

フランソワ・ド・ジョクール侯爵（一七五七～一八五二）は体制派プロテスタントで革命前のアンシャン・レジームの軍人であったが、立憲君主制をめざして革命に参加した。恐怖時代にはスイスに亡命しフリーメイスンのメンバーとなり、ナポレオンが政権を取るとフランスに戻って帝国伯爵号を授与された。ナポレオンの失脚後、王政復古でルイ一八世の信頼を得て「フランス貴族」に復帰し、立憲君主制に関わった。さらに七月王政を支持し、一八五一年一二月二日のルイ・ナポレオン（後のナポレオン三世）による革命を是認するまで長生きした。さまざまな支配者の保護のもとで、一貫してプロテスタントの権利を擁護しつづけためずらしい例だ。

プロテスタントの多さから「南西のジュネーヴ」と呼ばれるジロンド県のサント・フォワ・ラ・グランドのフリーメイスン・ロッジには牧師も含めたプロテスタントの割合が多かった。地政学の先駆者であるエリゼ・ルクリュ（一八三〇〜一九〇五）はこの町の牧師の息子として生まれた。一八六八年にパリでグラントリアンのロッジでメイスンとなったが、プロテスタントの信仰からは若くして距離をおき、多神教的、スピリチュアリズム的な色合いのある無神論者となっていた。フリーメイスンとしても、当時の自由思想をイデオロギーとしたかのような厳格な典礼になじめず、「昇進」を望まなかった。思想的にはもっと過激で、共産主義や無政府主義に接近したが、ベルギーの「人類愛友の会」というロッジ内で「ブリュッセル新大学」をスタートさせるなど、メイスンの国際的な人脈は利用している。エコロジーの先駆者として『新世界地理』という大作も著した。

フレデリック・デモンス（一八三二〜一九一〇）は一九世紀後半におけるリベラル・プロテスタントとフリーメイスンの歴史的共生を体現する。南仏セヴェンヌ地方のプロテスタント家庭の出身で、ジュネーヴで学んだ後フランスに戻って牧師として活動したが、一八六三年にニームのグラントリアンでフリーメイスンとなった。一八七七年に幹部となった時も牧師だったが、同年にグラントリアンがその憲章から「宇宙の大建築家」という言葉を消した時の中心人物の一人になった。「宇宙の大建築家」というのは、既成宗教の枠組みから外へ出たとはいえ、理神論に近い「創造神」の「言い換え」であるから、デモンスはそれを削除することでフリーメイスンが「無神論」的立場をも容認することを選択したわけだ。その時、彼は決議案のなかでこう語っている。

我々はこの表現の削除を要請する。これは高位メイスンやロッジにとって問題表現であるのではなく、多くの人々にとって不都合なものだからだ。なぜなら、開かれた進歩的な組織として正しく示された我々の偉大な組織に加わりたいという真摯な望みを持つ人々は、彼らの良心が乗り越えることを許さないこの表現が教義的な壁のように立ち現れる時、その前で立ちどまらざるを得ないからだ。

信教の違いだけではなく有無も問わない「共和国主義」の理念に従うかぎり、必然の選択であった。この決議案は多数決で採択された。彼の牧師という肩書も批判されるようになり、一八八〇年に惜しみながらその地位を捨て、一八八九年から一九〇九年の二〇年にわたって急進派として国会議員、元老院議員を歴任した。その間、五度にわたってグラントリアン評議会議長に選出されたが、個人的にはプロテスタントの信仰を生涯捨てることはなかった。

ジュール・スティーグ（一八三六〜九八）も共和国主義をフリーメイスンのなかで発揚しようとしたリベラル・プロテスタントの代表だ。ドイツ移民の子孫でやはりスイスでプロテスタント神学を学び、ジロンド県リブルヌの最初の牧師となった。一八五九年からナポレオン三世に対抗する急進的共和国主義者で反教権主義者となった。公教育大臣であったジュール・フェリーに委任され、同じくプロテスタントでフリーメイスンのフェリックス・ペコー、フェルディナン・ビュイソンとともに、政教分離で無償の公共義務教育のシステムを擁立した。フランス革命後の一八〇一年にナポレオンがローマ教会と結んだ和親条約《コンコルダ》を破棄する一九〇五年の政教分離法を準備したのである。

フランスという国においてキリスト教文化圏でもっとも徹底した「政教分離《ライシテ》」が確立した背景に

は、共和国主義とプロテスタンティズムがカトリック教会に対抗する反教権主義で一致することで、フリーメイスンの内部までもが共和国主義の空間（すなわち、宗教の所属や信仰の有無は私的な分野に属し、公的な場所では依拠できない）になった事実が見逃せない。プロテスタントの反教権主義者はフリーメイスンのロッジから、カトリックだけではなくあえてキリスト教色そのものを排することに同意したわけである。

このように、フランスのプロテスタントといえども、反教権主義だけとは限らなかった。フランス革命前の二年前にプロテスタントの市民権が回復された時からむしろそれを保障してくれた「体制」派に傾いた者がいたように、フリーメイスンのロッジも、ナポレオン三世による第二帝政の末期をのぞいて自らを「反体制」とは位置づけていない。プロテスタント知識人たちにとってロッジは自由の場であるとともに何よりも人類愛と人類の進歩を動乱の時代にも揺るぎない典礼の安定した雰囲気のなかで実感させてくれる場所だった。一九世紀に、スイスで学んでフランスの牧師となったプロテスタントの共和国主義者たちは、メイスンのロッジを足場にしてたしかなロビーを築いていったのだ。

フィラレート結社のマルティニズム

フランスの共和国主義が掲げる普遍主義は、その成り立ちから「共同体主義」を否定するから、宗教や出身地や家系や社会階層などによって差異化されるロビーを公には認めない。その建前の裏側で、閉鎖的なシステムで守られながらフリーメイスンが「普遍主義」ロビーを形成していったという事実は興味深い。

プロテスタント神学において、聖書を歴史的批判的に読み返して、科学的実証的でない部分を神話であり道徳書だと考えるタイプの近代自由神学が進展したのは一九世紀後半に入ってからだ。この流れの基礎を作ったのもじつはフランス人フリーメイスンのアントワーヌ・クール・ド・ゲブラン（一七一九〜八四）だった。フランスのプロテスタント禁止時代（一六八五〜一七八七）に潜伏して活動していた牧師の息子であったゲブランは、亡命先のスイスのローザンヌの神学校で学んだ科学合理主義者で、パリに戻ってプロテスタント擁護のために本格的な比較神話学に着手した。全九巻の『近代世界と比較分析した古代世界』がパリで出版され、アメリカ独立戦争も擁護した。彼は人類が共通の言語と文字を有していたとして諸宗教統合的な普遍主義によって信教の自由を訴えようとしたのである。マルティニズムに近いフィラレート結社の創立メンバーとなった。

このフィラレート結社は、一七七三年のパリで「Amis-Réunis《アミレユニ》（集まった友）」というフリーメイスンのロッジの内部で結成された。王の財務官のサヴァレット・ド・ランジュ、出版検閲官になっていたクール・ド・ゲブランをはじめ植民地がらみの金融業で勢いのあったボダール・ド・サン・ジャムやヘッセ公らが独自の典礼を擁したものだ。ロッジそのものがこの結社の設立のために創られた。すなわち、当時のフリーメイスンは、自由思想、啓蒙思想の自由な意見交換の場であり、知識人の社交クラブ的な機能を果たしていたけれど、そのなかでさらに別の目的意識がある有志は、ロッジのなかで独自の「秘密結社」を形成して活動できたということである。

フィラレートのモラルの目標は、人間の完成と、人がそこから放射（流出）された根源に近づこうというものだ。そこには、原初の神性のようなものが想定されていて被造物は皆それを分け持っている。しかし原罪によって失ったか顕在化されなくなってしまったそれをもう一度回復しようというものである。これはマルティニズムとよばれるもので、マルティネス・ド・パスカリィが一七六一年に設立した「宇宙の選民メイスン騎士団」、特に、その書記長だったルイ＝クロード・ド・サン＝マルタンの『神、人間、宇宙の関係の自然一覧』などが大成した思弁的なキリスト教神秘思想の流れだ。これはそもそもルネサンスのイタリアで再発見された新プラトン主義に由来している。万物の「照応」によって神と人間の再統合の可能性を信じ、キリスト教とカバラ思想と魔術、錬金術のハイブリッド思想でもあった。その新プラトン主義の錬金術的側面は一つ

ヴァイスハウプト

の流れとして残ったが、思弁的な側面は、フリーメイスン思想にも影響を与えた。ルネサンスの時代は建前としてヨーロッパはローマ・カトリック一枚岩の世界であったからキリスト教カバラ思想もカトリック文化圏で養われていたわけだが、一六世紀にプロテスタント諸派がローマ・カトリックと袂を分かった後では、ルター派のヤコブ・ベーメ（一五七五〜一六二四）のようにプロテスタント神秘思想家も現れた。つまり、マルティニズムを受け継いでフィラレート結社を創設したといっても、それは超宗派的なものだから、プロテスタントであったゲブランとも十分親和性があった。カトリックのサン＝マルタンもローマ教会の権威を事実上否定していたし、無神論的な啓蒙思想には批判的であったが、マルティニズムを信奉するイルミニストと呼ばれる人たちも、多様な立場を認めるフリーメイスンのような結社内では蒙昧を打破するフランス革命を支持することになった。

一七八四年六月二二日、バイエルン選挙侯はイルミナティとフリーメイスンを含むすべての秘密結社を禁じた。イルミナティのヴァイスハウプトはザクセンに亡命し、後を継いだヨハン・ボデは一七

八七年フランスにやってきてパリで旧フィラレート結社のメンバーと出会っている。バイエルンもザクセンもフランスもカトリック圏であるが、秘密結社のレベルでは、ローマ教会を離れたり相対化したりするという点で、無神論者もプロテスタントも国境を越えて共存していたわけである。

フランス革命勃発後、一八世紀末に軍隊のなかでジャコバンの残党などが反ナポレオンの秘密結社をつくり、創立者の一人であったロマン派の幻想作家のシャルル・ノディエが一八一五年に匿名で記録を残している。しかし、ナポレオン戦争によってヨーロッパ中に生まれたナショナリズムは、啓蒙の世紀の秘密結社の持っていた普遍主義《ユニヴァーサリズム》を駆逐してしまった。「国際性」や「普遍性」を維持しつづけていたのは、皮肉なことに秘教的性格の結社だった。ナポレオンの失脚後、王政復古や第二帝政、第三共和政など政治体制がめまぐるしく変わったフランスでは、マダム・ブラヴァツキーの神智学協会や、スウェーデンボルグ典礼フリーメイスン、薔薇十字団など多くの組織が生まれていたが、サン＝マルタンの名を掲げて神智学者でオカルティストのパピュス（ジェラール・アンコス）がマルティニスト会を創設したのは一九世紀末のことである。パピュスはカトリックの環境で育ち、オカルト界のバルザックと呼ばれるほど多数の著作を残したが、フランスのフリーメイスンが政治化して、「宇宙の大建築家」のコンセプトを捨てることで普遍主義精神を失ったと批判した。プロテスタントの近代自由神学がこのようなマルティニズムの系譜にあったクール・ド・ゲブランから大きな影響を受けたということは興味深い。

活動的な福音派

共和国主義者で反教権主義のプロテスタントでありながら、自由神学とは対極の立場のメイスンもいる。ウージェーヌ・レヴェイヨー（一八五一～一九三五）はシャラントのカトリック家庭に生まれながら、法官となり次第に反教権主義に向かいフリーメイスンに入会した。一八七八年に福音派プロテスタントに改宗した。同年に『宗教の問題とプロテスタントの解決』を著した。政教分離を支持する彼は、プロテスタンティズムこそが共和国主義にもっとも適合していると考えたのだ。熱心な福音派でもあり、プロテスタントに改宗したカトリック司祭を援助する活動や、植民地での福祉活動など、プロテスタント社会慈善活動を熱心につづけ、国会議員、元老院議員を歴任しつつ一九〇五年の政教分離法制定の原動力となった。政教分離法は、当時のフランス社会すべてに影響力を及ぼしつづけていたカトリック教会を牽制し管理するものとしてスタートした。フランス革命でいったん追放した後で挫折したカトリック教会への対抗処置を政治的に成就するためには、プロテスタントのネットワークとそれを増幅し補強するフリーメイスンのネットワークの両方が必要とされたということなのだろう。

いまのフランスにおけるプロテスタントのフリーメイスンの多くは、「非宗教的だと自認する傾向がありながらキリスト教的モラルを持つ無神論者」と、「不可知主義者と自称する個人的信仰者」との間を揺れるブルジョワに属すると言われている。カトリックのように上から「公式見解」が通達されるヒエラルキー構造のないプロテスタントは自己責任による自由な発言が許されるフリーメイスンとなじみやすいと思われる。ウージェーヌ・レヴェイヨーが属した福音派はプロテスタントのなかで最も活動的であり、本来は「公共の場における自由な宗教活動の保証」のためにこそ政教分離法を支持していたので、無神論化していくフリーメイスンとは距離をとることも少なくない。

フランス・ナショナル・グランド・ロッジのメイスンであるミシェル・ヴィオ牧師は、プロテスタントとフリーメイスンの親和性について、プロテスタントには教義はあるがカトリックのような「無謬性」の概念がないこと、聖書のなかの神の言葉を自由に検証できることが、フリーメイスンのエスプリに合致していると言っている。

2　フリーメイスンと東方正教

「ギリシャ人とトルコ人を惑わす魔術師」

ギリシャ正教とローマ・カトリックは徐々に教義が食い違ってきた末に地政学的な情勢の変化も手伝って、一〇五四年に互いを異端として破門し合って分裂した。その後一三世紀にはコンスタンティノープル（現・イスタンブール）が十字軍に一時占領され、一四世紀にはオスマン帝国の属国になるなど、東ローマ帝国は一四五三年についに滅亡した。それから三世紀半もオスマントルコの支配下に入ったこともあり、一八世紀のイギリスに端を発したフリーメイスンの誕生からは影響を受けなかったとしても不思議ではない。ところが、正教の牙城アトス山に伝わる、スコペロス島の英領事であったコンスタン・ダポンテスが残した記録（クセロポタモス修道院コデックス no. 254）によるとフリーメイスンの存在はイギリス人によって一七三九年から知られていて、イスタンブールには一七四四年に最初のロッジができていたらしい。

イスタンブールを首都としたオスマントルコは東西貿易の中継地として栄え、一八世紀には首都の他にスミルナやアレッポという商業都市にも英仏の商人や外交官がいて租界を作っていた。各勢力の軍事力が拮抗していて経済が繁栄していれば異文化、他宗教が共存できるという一例である。

ギリシャ正教のバイシオス大司教はフリーメイスンの存在やそれがローマ教皇に禁止されたことを知って、禁令を出している（一七七六〜七七）。スミルナ大司教のネオフィトスも禁止した。分裂していた東方教会とラテン教会もアンチ・フリーメイスンでは一致していたのである（キプロス教会は一八一五年と一九九三年に、ギリシャ教会が一九三三年、ルーマニア正教会が一九三八年に禁止している）。

商業の栄えた三都市に登場したロッジは、イギリス人やフランス人によるものであった（トルコ人やギリシャ人が加入していたかは不明）。当時フリーメイスンは「悪魔を呼び出してギリシャ人とトルコ人を惑わす魔術師」だと評されていたから、オスマントルコの当局もさすがに黙ってはいられず糾弾しはじめた。それを受けたイギリス大使とフランス大使が「調査」して、互いに責任を負わせる報告を当局に送ったものが残っている。イギリス大使ジェイムス・ポーターは、一七四八年に少なくとも一つのロッジがイスタンブールに存在することを認め、その構成はフランス人が一〇人でイギリス人は二人だとし、フランス大使もフリーメイスンのメンバーだと言っている。フランス大使の方は、ロッジがイギリスの保護のもとにあると報告している。実態はおそらく政治的でも宗教的でもなく、イギリス人とフランス人にとってビジネスに役立つ実用的な陰の社交場であったもので、ユダヤ人もカルヴァン派もアルメニア人も無神論者も受け入れていたと言われている。

その後フランス革命が勃発し、フリーメイスンの思想が革命を生んだ啓蒙思想に合致していたからか、一七九三年に大司教ネオフィトス七世がフリーメイスンだけでなくルソーやヴォルテール、スピノザなどまで弾劾した。その後ナポレオン戦争により一八〇七年コルフ（ケルキラ島）に「聖ナポレオン」ロッジが設立されるなど、フリーメイスンは時の権力を陰で担保するかたちで利用されつづけた。

一九世紀末には、ギリシャ正教の司祭がフリーメイスンのロッジで説教した事件などを受けて、一八八二年にあらためて「フリーメイスンは反キリスト教的カルトであり、そこに属している司祭は脱会すれば免償される」という通達が出された。その後のギリシャ正教の態度は全体としてフリーメイスンに無関心で、一般には人類愛団体、哲学的団体とみなされているようだ。

アテナゴラス一世——ローマ教皇との抱擁

そのなかで、正教とフリーメイスンを結ぶ足跡を残したコンスタンティノープル総主教のアテナゴラス一世（一八八六～一九七二）について触れておこう。

ギリシャのイピロス地方の医師の息子として生まれたアテナゴラスはイスタンブール郊外の島にあるハルキ神学校で学び、修道僧となり助司祭に叙任された。後に諸教会統一総主教となるアテネ総主教メレティオスの秘書となったあと一九二二年にはコルフの司教となり、一九三〇年にアメリカから戻った大司教ダマスキノスがアテナゴラスをつぎのアメリカ大司教に推薦した。翌年アメリカに渡ったが、アメリカのギリシャ人社会は本国の政治を反映し王党派とヴェニゼロスの自由党支持派に分裂していた。アテナゴラスはブルックリンに聖十字架学校を設立した。ニューヨークでフリーメイスンのイニシエーションを受け、第二次大戦後の一九四八年にコンスタンティノープル総主教に任命された時は、トルーマン大統領（一九四〇年にミズーリ・グランド・ロッジのグランド・マスターの任にあった）が自家用飛行機で彼をイスタンブールに送っている。
一九六四年にエルサレムでローマ教皇パウロ六世と出会い抱擁しあった歴史的瞬間は、信教の自由と諸教融和というメイスンの精神の結実だったとも見られる。ラテン教会とオリエント教会の出合いは一四三九年のフィレンツェの公会議以来のできごとだった。翌年、一〇五四年以来の破門を解き合い、一九六七年にはそれぞれがイスタンブールとヴァティカンを訪問しあった。アテナゴラスはキリスト教について教義よりも創造的霊感、神秘と自由の結びつきを重要視して、メイスンで養われた普遍主義を貫いたのである。

一九五四年にアテネで開かれた汎東方教会会議はフリーメイスンを弾劾しているが、アテナゴラスはメイスンでありつづけたようで、埋葬にもメイスンの儀式があった。正教の総主教は、ローマ教皇のように全教会の首長で教義を体現するような存在ではなく、公会議によって辞任させられる「司教」の立場であるから、ある意味で「自由度」は高い。実際、アテナゴラスの前にも、コンスタンティノープル総主教だったメレティオス四世（在位一九二一～二三　アテネ総主教やアレクサンドリア総主教にもなった）や、コンスタンティノープル総主教をやめた後でロンドンの「ウォールウッド」ロッジで一九三〇年にイニシエーションを受けたヴァシリオス三世（在位一九二五～二九）などがいる。二〇〇三年にギリシャのテレビがアテネのフリーメイスン・ロッジを撮影した時には、壁にアテナゴラスとメレティオスの写真がかかっているのが映ったが、正教会はコメントしなかった（*Dokoumenta tis Ellinikis Masonias*, Yannis V. Vasdhekis, 4ème édition, Athènes, 1990, p. 340.）。

ヴォルテール主義から神秘主義へ——フリーメイスンとロシア正教

フリーメイスンとロシア正教の関係は、ロシアと西ヨーロッパとの関係を反映している。ここではジョルジュ（ゲオルギー）・フロロフスキー神父（一八九三〜一九七九）の『ロシア神学の道』の記述をもとに見ていこう。一八九三年オデッサに生まれたフロロフスキー神父は一九二〇年にボリシェヴィキによる弾圧を逃れてフランスに亡命した後、パリの聖セルゲイ研究所、ニューヨークの聖ウラジミール神学校、ハーバード大学、プリンストン大学の教授を歴任し、教会一致の精神で、キリスト教諸派のルーツを使徒とギリシャ教父の時代に求めようとしてきた。その『ロシア神学の道』のなかで、一八〜一九世紀のロシア正教とフリーメイスンの関係が触れられている（*Les voies de la théologie russe.*, Florovsky Gueorgi Vasilievitch. Ed. Lausanne-Paris: l'Âge d'homme-2001. Collection: Sophia.）。

ロシアにおけるフリーメイスンの歴史は、一七二一年のピョートル一世によるロシア帝国の成立と軌を一にしている。ピョートル一世は神の恩寵による絶対支配体制を確立した。それはすでに西欧における絶対王政の影響を受けている。サンクト・ペテルブルクには西欧風の建物が並んだ。ロシア帝国は新しい社会のかたちを模索した。そのなかで、東方の伝統を見失って西欧の道に踏み込んだ者たちの代表がフリーメイスンだったのだ。

ロシアの最初のロッジは、一七五〇年ごろにイギリスのグランド・ロッジからイニシエーションを受けたイヴァン・イエラギンによってサンクト・ペテルブルクに設立されたと言われている。

啓蒙思想の影響も大きく、人びとは既成の宗教の枠を離れて人生の意味や真実を探求しようとした。一方ではそれがモラルの崩壊と放縦に結びつくリベルタンの自由思想として激しく批判された。ヴォルテールの精神はモラル的にも宗教的にも「病気」であるとまで言われた。

しかし、一八世紀後半、ピョートル一世の孫にあたるピョートル三世はドイツ生まれのルター派で、ロシアにやってきて帝位を継いだ後も正教会を尊重しなかった。その後に、ポーランドやウクライナに領土を拡大した一八世紀後半のエカテリーナ二世が出たが、彼女もルター派のドイツ人で、ヴォルテールやディドロと文通するほどの啓蒙専制君主となった。このように正教が衰退した時代に、フリーメイスンは西欧由来の啓蒙主義宗教の一種として代替物になったのだ。ところが、その反動のように、一方で「宗教への回帰」が一七七〇年代に起こった。それは当然ロシア正教へと向かう。もともと正教会はギリシャのストア派の影響が強く、アトス山の修道者が実践したヘシカスムの伝統がある。「イエスの祈り」をくりかえして瞑想する静寂主義で、そのなかで神と合一する神秘主義の一種だ。典礼にも神秘主義的要素が濃い。皮肉なことに、その前まで西欧由来の放縦で神なき自由主義のようにみなされていたフリーメイスンが、このロシア正教神秘主義への回帰のなかで、新しい意味を持つようになった。

カテドラルを建築した石工であるメイスンは、近代フリーメイスンのなかでは、人の心という原石を削って完全なものに仕上げる苦行を遂行するとされる。ロシアにおける正教の高まりを受けたフリーメイスンは、「苦行と霊的集中の努力」をテーマにして再出発した。特にスウェーデンのシステム（スウェーデンでは一七三一年にパリで入会儀式《イニシエーション》を受けた貴族がフリーメイスンを持ち帰っていた）がモデルとなって高位グレードが導入され、同時に中心がサンクト・ペテルブルクからモスクワへと移った。テンプル会指導者の一人でもあるニコライ・ノヴィコフ（ジャーナリスト）や、ベルリン由来のモスクワ薔薇十字団の指導者でもあったイヴァン・シュヴァルツらの人脈を通してフリーメイスンが拡大した。その時点でヴォルテール主義から神秘主義へと大きく舵が切られたわけである。言い換えると、それまで西欧啓蒙思想によって抑えられていた「ロシア魂」への回帰がフリーメイスンを通して促進されたのだ。一七七〇年代の終わりには、ロシアの教育ある階層のほとんどにフリーメイスンが浸透していた。その一部にはアレクサンドル・ストロガノフ伯爵らのように、エジプト典礼のフリーメイスンをフランスに広めていた「詐欺師」カリオストロ伯爵に入れ込んで、フリーメイスンを錬金術や奇跡の治療術の舞台に使った者もいた。彼らは次第にエカテリーナ二世への対抗勢力となっていった（*La Grande Catherine et Potemkine: Une histoire d'amour impériale*, Montefiore, Calmann-Lévy, 2013. Simon Sebag Montefiore.）。

モスクワ大学のほとんどはフリーメイスンで、その詩的な情熱はのちに創設された貴族の子弟のための寮内にも受け継がれた。フリーメイスンがめざすのは「心」の覚醒であり「感情教育」であった。知識人たちはフリーメイスン運動のなかで心身の二元的分裂を自覚し、それを克服した「全一」を渇望し、「完全な自分」探しへと向かったのだ。これは、西欧では啓蒙主義の反動としてのロマン派のシュトゥルム・ウント・ドラングに対応しているので、じつはエカテリーナ時代の啓蒙的フリーメイスンの遺産の一つと言える。ロシアでは一八三〇～四〇年代にかけてもう一度それが盛り上がったが、農民的な運動ではなくやはり表舞台から姿を消したフリーメイスンの枠内においてだった。しかしロシアでは、西欧的な既成教会権力の否定や理神論または無神論的な流れとは結びつかず、正教と両立して発達してきたのが特徴だ。メイスンはキリスト教的レトリックを駆使し、「真のメイスン」の目標とは「十字架という自己否定の上で死に、浄化の火の中で滅ぼされる」ことであり、人は背負うべき十字架を選ぶべきではないとする。

フリーメイスンの苦行主義は宗教的な枠内でなく「自省と自律」のテクニックの体系化だ。ストア派からつづいている合理的な抑制と沈静、生の虚栄を排する死への愛（墓の歓び）、心の完全なコントロールなどがめざされる。自己と自分の意思のなかに悪の根を見つけることができる。そのうえで、メンバーは、厳しく責任ある「道徳的に高貴で自律できる生き方と人類愛」を説いた。しかしそこで重視されるのは直観であり、その神秘主義的傾向は、むしろ「啓蒙思想」の反動として生まれてきたものだ。ストア派的な肉体と魂の葛藤も先鋭化して、人は非人間化、世界は非現実化してグノーシス主義に近くなる。その運動とキリスト教との一番の違いは、キリスト教では人間が肉体と魂が一体化して神から創造されたものであるのに対して、グノーシス的メイスンでは、人間の肉体は神の光の火花が墜ちて閉じ込められた「闇」であることだ。キリスト教の人間も、「原罪」によって死すべき肉体になってしまったが、グノーシス的人間の肉体には原罪よりも強い「不浄感」がある。キリスト教徒の原罪はキリストによって贖《あがな》われ、他の罪に対しても「贖罪《しょくざい》」を試みることができ「恩寵」にすがれるが、グノーシス的世界では不浄を消すのは自らの苦行によってである。しかも、自分の肉体だけではなく、世界は退廃と虚栄の鏡であるから、真の浄化には宇宙的な癒しが必要なのだ。

正教とフリーメイスンの関係の実態は定かではないが、フリーメイスンの外面の「敬虔さ」は教会に反するものではない。フリーメイスンの多くは教会での信者の義務を果たし、イメージの豊かな教会の典礼を守っていた。それでいてフリーメイスンの使命は教会のシンボルからさらに遡り、目に見えないものに達することだ。それは歴史的キリスト教から真の霊的キリスト教へ向かうことで、外界の教会から内なる教会へと目を転じることでもある。フリーメイスンはまさにその「内なる教会」に対応しているのだ。啓示された真実の他に、選ばれた者にのみアクセスが可能な真実がある。メイスンにとって、メイスンとしての活動は、「裏教会」とでもいえる密教部分であり、より真実に近づけるものだったのだ。

ところがこのように盛況をきわめたロシアのフリーメイスンは、一九世紀になって影をひそめる。一八二二年にアレクサンドル一世による禁令が出たからだ。フリーメイスンだった文学者のアレクサンドル・プーシキン（一七九九〜一八三七）も、危険思想ゆえに一八二〇年に一時左遷されることでシベリア送りを免れた。アレクサンドル一世につづくニコライ一世の即位時（一八二五年一二月）にも、改革を迫ろうとして失敗した啓蒙派将校たちにフリーメイスンが多かったこともあり、その後の専制政治のなかでフリーメイスンの火は消えたかに見えた（Le césarévitch Paul et les francs-maçons de Moscou, G. Vernadskij, *Revue des études slaves*, 1923）。

ロシア革命とフリーメイスン

ロシアのフリーメイスンが復活したのは二〇世紀初頭だった。最初に十数ヵ所のロッジが一八世紀の伝統を基盤にしつつ非合法に活動を開始した。末期の帝政に対して進歩主義者たちが挑んだ戦いにその活動が果たした役割について語られることは少ない。

裕福な地主階級に生まれたマクシム・コヴァレフスキー（一八五一〜一九一六）は法学を修め、ドイツ、フランス、イギリスなどで学びモスクワ大学教授になったが、その自由思想のせいで一八八七年に大学を追われた。その後ヨーロッパに滞在しつづけてパリのフランス・グランド・ロッジでイニシエーションを受けた。リベラルなヒューマニストであるコヴァレフスキーは政治に影響力を持つフランスのメイスンを見て、モラルを要求し都市の政策に具体的に参加するフランスのロッジはロシアのモデルとなると考えた。一九〇一年、同じロッジにいた亡命ロシア人メイスンらの支援を受けてロシア社会学研究所を開き、寛容とユマニスムの精神による新しいロシアの指導者を養成しようとした。そこにやってきた亡命ロシア人たちはみなフリーメイスンに合流した。一九〇五年にロシアで政党設立が許可されると、コヴァレフスキーとともに研究生がロシアに帰国した。一九〇六年の最初の議会の四八八人の議員のうち、メイスンはコヴァレフスキーら一一名だった。グラントリアンがロシアに支部を設立することを認可したのでコヴァレフスキーは一九〇六年に「コスモス」ロッジを組織し、他に二つのロッジも設立された。二年後にフランスから高位メイスンが送られて、しかるべきロシア人メイスンの位階を引き上げて参事会を組織できるようにした。一九〇八年に六〇人のメンバーによる第一回総会が可能となり役員が選出された。一九一三年にはメンバーが六〇〇人を超えている。

メイスン議員は民主立憲党で活動したが、その「左翼」性を糾弾されて皇帝によって解散させられた。二度目の議会ではメイスンのゴロヴィンが議長となった。しかし一九一〇年にはロッジの内部で警察との共謀疑獄が持ち上がり、一九一二年に、左派議員ネクラソフによって、より過激な「ロシア民衆グラントリアン」が分派した。その憲章はグラントリアンに倣ってはいたが、典礼が簡素化され秘密性が緩和されていた。ロッジの会合は個人の住居であり、手袋や前垂れもなく、女性も受け入れられた。しかし活動記録は残さなかったので、メンバーによる後年の証言によってしか明らかにされていない。証言に共通しているのは、議題がすべて政治（ロシアの政治的解放）であり、情報の収集とその分析がなされたが組織としての決定は下されなかったことと、組織内の空気の平穏が保たれていたということだ。政治的謀議よりも「自由、平等、兄弟愛」の拠り所となっていたという。

華麗な典礼を持つロシア正教の地ではその代替物としてのメイスンの儀式（カトリックからインスパイアされている）は必要とされていなかったうえに、ロシアのメイスンはフランス革命におけるフリーメイスンの活躍を念頭においてプラグマティックな世直しを標榜していたのだ。ところが、本家フランスのグラントリアンの態度は冷たかった。フランスはロシア帝国と軍事同盟を結んでいて、一九一四年の第一次世界大戦の勃発とともにそれが重要な戦略となっていたからだ。実際、当初は帝政を廃止して共和国をめざしても暴力革命までは考えない穏健な改革派であった「ロシア民衆グラントリアン」は、次第に急進的になっていった。

一九一二年「こぐま座」ロッジに加わった社会革命党の議員アレクサンドル・ケレンスキーは数年で高位メイスンとなり、一九一七年の二月革命の指導者として臨時政府法相から連立政府首相まで務めたが赤軍に追われてパリに亡命した。軍事同盟によって第一次大戦に巻き込まれていたロシアは敗戦を重ね、多くの脱走兵を出し、民衆は飢えていた。一九一七年二月二四日から二七日の間にペトログラードで起こった暴動の後、やはりメイスンであるメンシェヴィキ派のニコライ・チヘイゼがペトログラード・ソヴィエト（労兵協議会）の議長に就任した。やはりメイスンであった帝国軍の北軍司令官ニコライ・ルツスキー将軍が圧力をかけてニコライ二世を退位に追い込んだ。しかし、後にボリシェヴィキ派のレーニンが政権を取ると、チヘイゼもパリに亡命、ルツスキーもボリシェヴィキにとらえられてレーニン暗殺謀議で処刑された（ルツスキーのフリーメイスン所属には異論も存在する）。メンシェヴィキ派の臨時政府の一一人の閣僚のうち一〇人がメイスンだったという歴史学者（V.S. Bratchev）もいるし、三人だけだったという説（V.I. Startsev）もあるが、ケレンスキーの台頭を見ても、一九一七年三月から一〇月にかけてメイスンの人脈が最大限に使われていたことは疑いがない。第一次大戦の混迷がなければ新体制は基盤を固めていたかもしれないが、食糧事情はますます悪くなり民衆の不満は増すばかりだった。臨時政府は英仏との軍事同盟を固持しようとしたが、ボリシェヴィキ派のレーニンはドイツとの単独講和を標榜するプロパガンダによって民衆の支持を得た。

ロシアのフリーメイスンが、ブルジョワ的なロシア革命を牽引したのに、ユマニスムや寛容、多様性などの彼らの理想に基づいた体制を築くことまではできずに敗退したのはなぜだろうか。彼らが臨時政府の要職につき大きな影響力を持ったはずの時、不思議なことにメイスンの活動は萎縮した。このことについてチヘイゼは「革命の後、私はもうロッジの会合にも行かなかったし、評議会にも出なかった。すべてが突然終わった。メイスンの活動をする気が起こらず、誰も私にそれを促さなかった。そもそもロッジのなかで活動がつづいていたのかも疑問だ」と後に語っている。ペトログラードやモスクワで活動をつづけていたロッジがあっただろうが、ボリシェヴィキ派が政権の座についた時、他の党や組織を許さない体制のなかでそれも終わった。一九一八年にフリーメイスン活動は、「フリーメイスンと共産党への二重登録の禁止」というかたちで禁止された。一九世紀につづいて、ロシアのフリーメイスンの第二の時代も禁令によって終わりを告げたのだ。

一九二二年の第四回コミンテルンで、トロツキーはソ連政府の見解として「フリーメイスナリーは革命における迂回のひとつの道具である。それはプロレタリアートの意識を麻痺させるブルジョワの道具であり、ブルジョワジーのメカニズムの方便のひとつである」と述べた。ロシアのメイスンが欧米の国際的メイスンの「手先に過ぎなかった」という定説が現れたのも不思議ではない。

フリーメイスンの価値観のひとつにある「寛容」は寛容な環境でしか養われない。政党でも宗教でもないメイスン運動は、平穏に活動するためにめだたないことを常に必要とされるが、不寛容な独裁体制では持ちこたえられない。言い換えると、フリーメイスンが表向きに発展できるような社会は市民的自由が保証されている社会なのだろうか。それを探るためにソ連崩壊後のロシアと東欧の旧共産圏におけるフリーメイスンの状況を見てみよう。

三つの困難――冷戦後の東欧とロシア

フランスのような国でも第二次大戦中のヴィシィ政権下ではフリーメイスンが禁止、迫害されていたが（共和主義者やユダヤ人も同様）、ロシアのフリーメイスンは共産主義ソ連の七〇年間、そして社会主義体制に組み入れられた東欧諸国では戦後の四〇年ものあいだ迫害がつづいていた。多い時はハンガリーで七〇〇〇人、チェコスロヴァキアで一七〇〇〇人に達していたというフリーメイスンだが、ソ連に発したフリーメイスンの禁止はすでにファシズムやナチズムによる迫害を先取りするかたちでハンガリー、ブルガリア、ルーマニアへと広がっていた。第二次大戦後の人民民主主義体制の勃興以降は弱体化し、メイスンであったとされるチェコのエドヴァルト・ベネシュ大統領が一九四八年に共産党に退任に追い込まれてからは完全に冬の時代に入った。

その間に、過去にフリーメイスンが果たしていた啓蒙的役割などは忘れ去られ、冷戦後に再出発したフリーメイスンは、人びとの無理解、ナショナリズム、マフィアという三つの困難に出合うことになる。

冷戦が終結すると同時に、一九九〇年から西ヨーロッパのフリーメイスン各派で、東欧とロシアに「アカシアの花をふたたび咲かそう」という気運が盛り上がった。特に革命前のロシアに大きな影響を与えていたフランスのロッジが大きく動いた。その他にドイツ、ベルギー、イタリア、ギリシャ、フィンランド、オーストリア、アメリカの各派がロシアでのフリーメイスナリー再設に乗り出した。大きく分けて、キリスト教の神を信じることが義務づけられている派と信教の絶対自由を掲げる派の二種類が復興することになる。しかし、現地にはもはやフリーメイスンの典礼も会堂も残っていないし、公認されたイニシエもいない。再建は西側諸国ではじめるしかなかった。一九九一年に北フランスのリールのグラントリアンの枠内で、ポーランド移民たちのための「希望の星」ロッジができたのはその一例だ。それに呼応して同年モスクワでも「北の星」ロッジができた。グラントリアンは「信教の自由系」メイスンだが、信仰者が排除されているわけではない。メンバーのほとんどがカトリックであろうと正教であろうと問題はないわけだ。神を掲げるフランス・グランド・ロッジ(GLDF)も有名なロシア人メイスンの名を冠してパリで「プーシキン」ロッジを立ち上げ、モスクワでは「ニコライ・ノヴィコフ」ロッジを立ち上げた。女性支部もつづき、パリの「風の薔薇」ロッジでイニシエーションを受けたハンガリー女性らが一九九二年にブダペストで「ひまわり」ロッジを立ち上げた。フランス・ナショナル・グランド・ロッジ(GLNF)はモスクワに「天体」ロッジを開設した。しかし会堂はなく、集会場所は小さな椅子しかない幼稚園(サンクト・ペテルブルク)であったり、郊外の団地の一室(ブカレスト)であったりした。典礼に必要なオブジェをそろえるためにも各派の本部は金銭的物質的な援助を余儀なくされた。フランス・グラントリアンは毎年約八〇万フラン、フランス・グランド・ロッジは三〇万フランを計上した。

同時に多くの問題が浮上した。第一に、通常はメンバーが吟味され入会して、見習いから職工、親方へとグレード・アップするのに平均三年かかるところ、これらの旧共産国でのメイスナリー再建のためにその過程が一日で済まされるなどということが普通になったことである。第二に西側の各派の間で、東欧の新メンバー獲得のための競争がはじまったことだ。リトアニアのようにフランス系フリーメイスンからドイツ系フリーメイスンに乗り換えたという例もある。すなわち、本来国際的で人類愛を説く普遍主義の基地であるはずのフリーメイスンが共同体主義に陥ってしまったわけだ。民族主義による差別も免れなかった。一九九四年、ルーマニアのフリーメイスンはロマの志願者に入会拒否をした。その半年後にフランスのグラントリアンにフランスではどうしているのかと問い合わせがあったことで判明し、一九九六年に一人のロマがメンバーとなったという。

社会主義経済が崩壊した後の新しい市場となった旧共産国には、また世界中から利権を求めるマフィアが潜入した。彼らは市場の開拓を求めて旧共産国のフリーメイスンに接触した。あるフリーメイスンのリーダーは、一九九三年に「貧しい兄弟のために」と一〇万フランの小切手を政財界系のマフィアからパリのホテルで手渡された（が破棄した）と証言している。

他にも問題点がいくつもでてきた。西欧のフリーメイスンではたとえ信教の自由の世俗型グループでもキリスト教のシンボルを基礎としている。しかし、長いあいだキリスト教から離れていた人びとはもはやそれを理解できないことが多かった。ソロモンやヒラムのエピソードもわからなかった。それだけではない、修行による自己構築とか自己の完成などという概念も理解できなかった。フランス・グランド・ロッジ女性支部のグランド・マスターであったコカール女史はワルシャワのロッジで「自由」をテーマに講演をしたが、長年の全体主義的洗脳のせいで、自由の概念が難解なものになっていて理解してもらえなかったと回想している。

逆に、いったん「自由」を取り入れると、旧共産国の人びとはそれを貪欲に求めた。本来フリーメイスンの標語は「自由、平等、兄弟愛」が三本の柱であるが、社会主義政権時代に「平等」と「兄弟愛」は十分強制されていたので、その反動で人びとは「自由」だけを優先する傾向があったのだ。そのせいで、新自由主義的なアメリカのフリーメイスンは人気を博した。逆に、旧共産党員の入会を拒絶できないことへの葛藤もあった。それでも冷戦後のユーゴスラヴィアの議員やモスクワ市長の取り巻きなど、フリーメイスンには知識人やアーティスト、ジャーナリストなどが多かった。チェコの最初の大統領ハヴェルの父もフリーメイスンとして知られている。とはいえ二一世紀の初めの時点でロシア・東欧のフリーメイスンはすべて合わせても一万人以下だと言われていて、一〇万人のフランスや四〇〇万人のアメリカなどとは質を異にし、各ロッジの規模も一五人から五〇人と小さい。

ところが、ポーランドのようなカトリック国においては、一九世紀末のレオ・タクシル（フリーメイスンを悪魔崇拝のグループとして描いたフランスの作家。反教権主義者でもあった）によるフリーメイスン偽書が再発行されるなどアンチ・フリーメイスンの傾向も生まれている。東方正教会の国とはやはりフリーメイスンと宗教と社会の関係がちがっているのがうかがえて興味深い。

3　フリーメイスンとユダヤ主義

陰謀論の形成

ユダヤ人のコミュニティでは一九世紀のアメリカで生まれた相互扶助、権利擁護の組織ブナイ・ブリス（B'nai B'rith）が知られていて、フリーメイスンと混同されることがある。ウィーンでフロイトが属していたことで有名なこの組織は、アメリカのユダヤ人がフリーメイスンのロッジ・システムをモデルに創ったもので、今はワシントンに本拠があり、イスラエルでも力を持っている。マルクス主義、キリスト教原理主義、極右などを敵とするなど自由主義的フリーメイスンと共通する点も多い。フランスには現在六三のブナイ・ブリスのロッジがあるが、三大フリーメイスンからはメイスン・ロッジとは認められていない。

しかしブナイ・ブリスは、第二次大戦下のヴィシィ政権においてフランスのすべてのフリーメイスン・ロッジと同様に閉鎖され、財産が没収された。ナチスはユダヤとフリーメイスンをまとめて世界を滅ぼす闇の力とする陰謀論をでっち上げたのだ。

フランス革命の後、ナポレオン戦争やフランスの王政復古や第二帝政などの時代を経て二〇世紀のヨーロッパ大陸ではフリーメイスンの影響力は減少していた。アングロ・サクソン系の多くのフリーメイスンは政治や宗教に口を出さず、王侯貴族をグランド・マスターとして、エリートの非公式なネットワークを形成していただけだった。ところが同じ頃、「ユダヤ＝フリーメイスンによる世界征服陰謀論」というものが生まれて拡大していき、新しいフリーメイスンのイメージが人びとの共同幻想のなかに植えつけられていった。

もともとアメリカ独立戦争やフランス革命に大きな役割を果たしたフリーメイスンたちはフランスやドイツの旧体制下では半ば公然の組織だった。そのせいで、フランス革命で亡命を余儀なくされた王党派やカトリック教権派（ローマ教皇の優位を認める）の論客が、フランス革命の原因分析の一環としてフリーメイスンとイルミナティ（啓明結社）の陰謀説を立ち上げていた。国王とカトリック教会の二つの権威を否定されたフランス革命の時代に人びとが、汎ヨーロッパ的でありながら古代のオーラに輝き、聖俗の既成権威から距離をおいた秘密結社に、革命の「首謀者」を見るようになったのは不思議ではない。一七九七年には、スコットランドの王党派であるジョン・ロビソン教授が『ヨーロッパのすべての宗教と政府に対する陰謀の証拠』を出版していた。革命の陰謀論を唱えたのはカトリック教会の聖職者オーギュスタン・ド・バリュエルだ（本章1節「フリーメイスンとプロテスタント」一〇八頁参照）。特に三巻と四巻はイルミナティに焦点が当てられた。この本がロビソンの著作とともにフランス革命陰謀説に端を発する近代陰謀論の言説を創始したのである。

じつは、メイスンとイルミナティによる「世界支配計画」についての論議は、一七八六年のドイツですでに現れている。バリュエルやロビソンの陰謀説にはすでに先行するものがあったわけだ。

バイエルンのイルミナティというのは、バイエルンの法学者アダム・ヴァイスハウプトが弟子や友人たちと一七七六年に創立した結社で、イエズス会から自由になって学問探究をめざす「完全可能性主義者の会」という知識人サークルから出発した。ところが、一七七八年頃からすでに、多くの市民や下級貴族が加わり、反教権主義（ローマ教会の権威を否定する）や啓蒙思想の情報交換の場となった。さらにドイツ各地のフリーメイスンを吸収しながら、反王制の共和主義であるクニッゲ男爵の影響で、貴族、政治家、医師、軍人、高位聖職者らも加わって政治色を強めていった。そんな時、啓蒙運動に対する反動が起こり、イルミナティはバイエルンから追われる。ワイマールではゲーテも入団したが、結局、ヴァイスハウプトとクニッゲ男爵の不和によって弱体化し、一七八五年には元幹部のヨーゼフ・ウイッツシュナイダーが、イルミナティはハプスブルクのヨーゼフ二世と組んでドイツの支配を企んでいると密告した。イルミナティの幹部たちは逮捕され、政府高官は追放された。すべての支部も一七八六年には壊滅した。創立から一〇年である。ところがこの年に、エルンスト・アウグスト・フォン・ゴクハウゼンが、このイルミナティの革命思想を敷衍増幅したうえにフリーメイスンと融合させて、世界支配計画を語るという陰謀論エッセイ『コスモポリタン政治システムの暴露』を世に出した。フランス革命の三年前であり、カリオストロ伯爵（フランスで「エジプト典礼のフリーメイスン」というハイブリッドな組織を創った後で追放されたカリスマ）が追放された年のことだ。さらに翌年、ジャン＝ピエール＝ルイ・ド・ルシェが、『啓明団員《イリユミネ》セクトについて』というエッセイでそれを補強した。フランスを含めて、ヨーロッパ中の啓蒙主義サークルや王党派や高位聖職者らは、これらの史上初とも言えるメガ陰謀論の語り口に接していたと思われる。

ローマ教会が流布させた、カリオストロ伯爵がローマの異端審問法廷でした「証言」には、自分は国際的陰謀の秘密結社であるイルミナティのエージェントであったというくだりがある。フリーメイスンとの融合や、すでに壊滅しているという状況、その「陰謀」の壮大さなどが自分の責任を転嫁するために役に立つと考えたのか、すべてが彼の妄想の一つだったのかはわからないが、イルミナティは壊滅し、カリオストロ伯爵は終身刑となり、ヨーロッパ史に現れた初の「陰謀」論は「陰謀」の存在を告発しただけで、実際に起こった事件を「説明」したわけではなかった。

しかし、カリオストロ伯爵を含むこのような状況がすでに存在していたからこそ、一七八九年にフランス革命が起こった後で、「大事件解説」型の陰謀論が登場する土壌は育っていた。亡命先でバリュエルが世に訴えた大著は、その後の陰謀論の原型とな

カリオストロ伯爵

る壮大なものだった。バイエルン・イルミナティのすべての「秘密」はそこで詳細に暴露されている。ヴァイスハウプトのイルミナティのなかでの戦士名がスパルタカスであったことや、位階、典礼、思想、王制と宗教とを破滅させるためのヴァイスハウプトの壮大な計略が解説される。バリュエルは、一八〇二年にフランスに戻ったが、ナポレオン体制下で、ローマ教皇のスパイとして一時逮捕された。教会側がフリーメイスンの陰謀を唱えたように、革命勢力の側はローマ教会の陰謀をつねに警戒していたのだ。

『シオンの長老たちの議定書《プロトコル》』

バリュエルとロビソンが開始した「事件の黒幕」陰謀説はカリオストロ伯爵のような妄想を広げたものではない。しかもその時点ではまだ「ユダヤ人の陰謀」の方は形成されていなかった。陰謀グループに本格的にユダヤ人が登場するのは一世紀後のことだった。その強力な原型となったのが『シオンの長老たちの議定書《プロトコル》』と呼ばれるものだ。

これは世界を支配する超国家管理機関の設立についてのユダヤ人の会議記録でありユダヤ人陰謀説の強力な根拠としていまだに言及されているほどの有名なものだが、じつはまったくの偽書である。最初にロシアに現れたもので、フランス語の種本が存在する。ナポレオン三世のクーデターに反対してベルギーに亡命したパリの弁護士モーリス・ジョリの著した『マキャベリとモンテスキューの地獄での対話』(一八六四)だ。ナポレオン三世による世界征服の野心と戦略について書いたフィクションで、モンテスキューが三権分立を唱え、マキャベリが民衆の騙し方を説く構成になっている。政府を倒すためのメディアの利用法も語られる。この本はしかしまた、プラトンの対話篇の『国家』でのソクラテスとトラシュマコスの対話にインスパイアされたものだと言われている。ここで展開される理想国家という発想は、後世の文芸や思想だけでなく共産主義にも大きな影響を与えた。ソクラテスは、トラシュマコスの主張する強者の利益としての正義という意見に反論し、優秀な人間に哲学を学習させて国政の運営を任せる哲人王の構想を説いた。

『シオンの長老たちの議定書』を書いたロシア人作家ゴロヴィンスキー（著者が特定されたのは一九九二年のことに過ぎない）は、パリの新聞社でモーリス・ジョリの息子と同僚であったことがわかっている。

一九世紀末、ロシアの秘密警察はフランス在住のゴロヴィンスキーに、これらの本を参考にしてユダヤ人とフリーメイスンによる世界政府構想を書かせた。こうしてできあがった『シオンの長老たちの議定書』が皇帝ニコライ二世に進呈された。内容は、ユダヤ人がキリスト教世界を倒して世界支配をする計画を進めているというものだが、ロシア帝国内にいるユダヤ系ブルジョワたちが近代化と自由化に傾き過ぎていることを皇帝に警告するのが目的だった。しかし、反ユダヤ主義だった皇帝も、このテキストの欺瞞が逆効果になることを恐れ、プロパガンダとして採用するのに躊躇《ちゅうちょ》した。

この『議定書』のなかでは、ユダヤ人が世界征服のために、戦争、革命、謀略を駆使し、産業近代化と資本主義をめざすとされている。結局その一部が一九〇三年に公開され、二年後と三年後に出版されたが、最初は一部の反ユダヤ主義者に読まれていただけだった。それが一九〇九年にドイツ語訳され、ウィーンの議会で朗読された。さらに一九一七年の十月革命で西ヨーロッパに亡命したロシア人たちによって広まり、一九二〇年にドイツ、イギリス、フランスで刊行された。『タイムズ』紙などはすぐに真偽に疑いをはさんだが、テキストはすでに、反ユダヤ主義者たちに引用されて広がっていた。ヒトラーの愛読書となってホロコーストの口実のひとつとなったことはよく知られている。

もちろんユダヤ人をめぐる差別的妄想を書いたものはこの書が初めてではなく、すでに一八世紀のフランスの新聞連載小説には復讐心や憎悪に満ちて野心的な策謀をめぐらせるユダヤ人というテーマが存在した。一八六八年には、プラハの墓地に集まるイスラエルの一二部族の代表たちにラビが世界征服計画を語る『ビアリッツ』という大衆小説が人気を博している。この小説は一八七三年のロシアの政治パンフレットにおいて『世界の主ユダヤ人』という記事となり、真実であるかのように紹介された。本格的に『シオンの長老たちの議定書』という偽書が作られるまでには、すでにそれなりの道筋ができていたのである。けれども、『シオンの長老たちの議定書』の影響は計り知れないほど大きく、ホロコーストを経たヨーロッパがユダヤ人迫害を公式に総懺悔した後でも、一九五一年にエジプトでアラビア語訳が出版されたのを皮切りに、フランス語版はベイルートやモロッコなどで、パレスティナ問題を抱えるアラブ世界で読み継がれた。一九八四年までモロッコの大学図書館の歴史書の棚に置かれていたという証言もある。パレスティナのイスラム原理主義組織ハマスの憲章で言及されていることも知られている。

緩衝地帯としてのフリーメイスン

ではこの書のなかでフリーメイスンはどのような位置づけだろう。ユダヤ人は、フリーメイスンについて、「メイスンのロッジは世界中でそうとは知らずに我々の目的を隠すマスクの役割を果たしている」と語っている。つまりフリーメイスンは、ユダヤ人の陰謀に利用されるネットワークだということである。

実際、一九世紀終わりの第三共和政のフランスは、フランス革命の精神に戻って共和国精神が高揚した時期だったので、多数派フリーメイスンのグラントリアンが「宇宙の大建築家」の言葉を消して無神論的で非宗教的な政治空間化していた。信教の自由を求めて差別を解消しようとするユダヤ人にとって反教権的なフリーメイスンは垣根の低い場所になっていたのだ。法務大臣になって植民地内のユダヤ人の権利の擁護に尽くしたアドルフ・クレミュー（一七九六〜一八八〇、本章4節「非キリスト教文化圏とフリーメイスン」一四八頁参照）などが活躍した。

ナチス政権下でユダヤ人とフリーメイスンがひとまとめに世界征服を謀る「悪魔」だとされたことで、さらにユダヤ人とフリーメイスンの結びつきが強められた。フランスで戦後に再建されたフリーメイスンには多くのユダヤ人が加わった。シナゴーグを離れても、ソロモン神殿建築という旧約聖書のテーマにのっとった典礼が代わりの場を提供してくれたし、フランスに逃れてきた人びとにとって新しい人脈の開拓の場ともなったのである。フランス・グランド・ロッジのジャッキー・フランクリンがフリーメイスンの理念はユダヤ教と親和性があると言っているのをまとめてみよう（http://www.ledifice.net/7061-1.html）。

ユダヤ神学によると神は人間に後を託して去ったので、ユダヤ人にとって人は自由意思と責任を有する自立した存在である。神は人間が「完成の道」をたどることに賭けたのだ。創造は終わっておらず、人がそれをつづけなくてはならない。人は安息日にだけ「被造物」に戻って神を称えなければならない。霊的な覚醒が大事で、人はこの世で「あるべき者になる」使命がある。フリーメイスンも同じだ。内的な旅をするメイスンは石を磨くように自分を磨き完成と自由へ向かう。ユダヤ教もフリーメイスンも教条主義を嫌い全体主義と戦う。一世紀のラビ（イエス）がローマの兵士に言ったユダヤ教の定義「だから、人にしてもらいたいと思うことは何でも、あなたがたも人にしなさい。これこそ律法と預言者である」（マタイによる福音書七―一二）がフリーメイスンの典礼に使われているのがよい例だ。ヘブライ語では「在る」という動詞は神にだけ使う。人は「在る」状態に「なる」のだ。それには長い道程をたどる必要がある。ユダヤ人はメイスナリーのなかで調和と平和を得て進歩と伝統に穏やかに向き合える。

自由を求めることは、奴隷だったエジプトから逃げたモーセの物語のように、より高く、より他者に向かえと我々を促すものだ。啓蒙の世紀にユダヤ人が市民権を得てその多くがフリーメイスンになったのは偶然ではない。ユダヤ人はフリーメイスンに普遍的兄弟愛というメシアの夢の一部をふたたび見出した。フランス・グランド・ロッジのように教義なしの霊性を提案してくる場所ではそれぞれが自分の霊的希求を定義すればいい。グランド・ロッジは「根本創造者」の存在を前提としていてそれはプリンストンの科学者たちの考えに通じる。伝統と進歩がともに人間の存在に意味を与えているのは興味深い。命の連鎖の一環で霊の受容体でもある人間は、覚醒さえすればその意味を受け取り伝達できる。フリーメイスンにとって、ユダヤ教にある概念である「人間が本来あるべき者になる」ための拠り所となるのが「大建築家」なのだ。

アドルフ・クレミューはフランス人であること、ユダヤ人であること、フリーメイスンであることを一致させた。メイスンのフランス最高会議議長に選出され、スコットランド古式典礼派の近代化に力を尽くした。メイスナリーとユダヤ性は、「平和と調和」を理想として人間の霊的、知的、物質的条件の向上をめざすことにおいて補完的である。

フリーメイスナリーにおいては、宇宙にはすべてを貫いているが決して手に届くことはない第一原理が存在する。ユダヤ神学では神は定義できない「エン・ソフ」（無限）、それ自体で「在るもの」だ。すべて目に見えるものの背後には見えないものがある。宇宙のハーモニーは対立するものの補完性から成っている。ユダヤ人のフリーメイスンにとって、他者のなかに神性の火花を認めて、他者がそれを望むならその命に完全な意味を与えるために助け、高めることが「他者を愛する」ということである。

「ユダヤとフリーメイスン」について語る時に引用される以上のような見解は、いわゆる「陰謀論」や「ユダヤ人がフリーメイスンをのっとっている」というような偏見からはほど遠い人類愛的なものだ。

西洋キリスト教の歴史のなかでユダヤ人は長い間「神殺し」というレッテルを貼られて差別されてきた。けれども、ユダヤ人から見て「ユダヤのラビ」であるイエスの言葉はユダヤ教の神髄でもあるということを強調すれば、キリスト教文化のなかで生まれたフリーメイスンの人類愛路線と矛盾することはない。表の世界では複雑な教義の迷路や、既成宗教組織が陥る排他主義や独善主義から逃れることは難しい。国際会議や人道支援団体も各国のパワーゲームや国際情勢の前で無力化することが多い。フリーメイスンがその緩衝地帯として「多文化多宗教」に共生の場を与え、たとえ「建前」だけだとしてもそのメッセージを公に発しつづけていることには意義があると期待したい。

4　非キリスト教文化圏とフリーメイスン

ヨーロッパの利益争奪戦の裏舞台――アラブ世界

非キリスト教文化圏とフリーメイスンの関係を見ていくには、大きく四つのケースに分けて考えなくてはならない。

まず、南北アメリカ大陸各国のフリーメイスンである。これは非キリスト教文化の先住民族がヨーロッパ各国に植民、侵略されてできた国家群であり、フリーメイスンは当然宗主国とともに入ってきた。その後プロテスタントの英国植民地圏では先住民がほとんど殲滅され、カトリックのスペイン・ポルトガル植民地圏では混血が進むかたちで国家が形成され、そこに西アフリカからの奴隷貿易によって移住させられた黒人が加わった。これらの国では、「先住民の宗教」を守りつづけるという共同体の社会的影響力が反映されないために、フリーメイスンとの関係においては植民者と同じ「キリスト教文化圏」の文脈で語ることができるのでこの節では触れない。サハラ以南のアフリカ大陸でも、多言語の部族が民族宗教、部族宗教によって分断されていたので、宗主国によって「キリスト教」への改宗がマジョリティになったケースが多い。

ここではまず、同じようにヨーロッパ帝国主義によって植民地や保護国となった「非キリスト教文化圏」のうちで、一神教文化圏であった国々、特にイスラム教のアラブ世界においてフリーメイスンの果たした役割を述べよう。アラブ世界の近代化や独立にフリーメイスンが確固とした役割を果たしたのは、キリスト教とイスラム教がアブラハムを祖とする同じ一神教であったからだ。特にアングロ・サクソン系のフリーメイスンは「宇宙の創造神」を信ずることを前提とするので、基本的にはイスラム教と両立する。宗教のネットワークが届かないところで一神教の神を信ずる共通点のあるイスラム教文化圏ではフリーメイスンがネットワークづくりに役立ったということである。

ユダヤ教、キリスト教、イスラム教は旧約聖書に出てくるアブラハムを祖とするアブラハムの三宗教と呼ばれる。現代の思弁的フリーメイスンは一八世紀イングランドのプロテスタントの環境で生まれたが、その起源は中世ヨーロッパでカテドラルを築いた石工の同業組合であると言われ、さらに、旧約聖書に出てくるソロモン王の神殿の建築を指揮したヒラムという建築家をシンボルにしている。それ故にユダヤ教と親和性があるのは当然だが、七世紀のアラビア半島で生まれたイスラム教とは接点がない。キリスト教がローマ法の適用されていた世界で政教分離のかたちで形成され広がったのと異なり、イスラム教はイスラム法のシャーリアとあわせてアラブの遊牧民のあいだに広がったので、イスラム法を採用しているイスラム諸国ではフリーメイスンは許容されない。近代以降のアラブ世界とフリーメイスンの関係はほぼ、ヨーロッパ帝国主義国家によるアラブ世界の植民地化とともにもたらされた。逆説的なのは、フリーメイスンによってもたらされた自由や独立の理念、革命志向、国家という概念の形成が、部族社会だったアラブ世界で結果的にナショナリズムを形成して独立へと向かわせたことである。

一九世紀末から二〇世紀半ばにかけてのアラブ世界では、オスマン帝国による行政との軋轢、イギリスとフランスの存在、西洋の資本投下による影響とシオニズムの台頭など、さまざまな状況がフリーメイスン内部に反映されていた。ロッジのなかではトルコ政府に協力することによって権益を獲得する者がいる一方で、地政学的思惑をもって近づくエジプトの支援とともに、イギリスやフランスの近代革命にインスパイアされたナショナリズムが醸成された。一八八〇年には一部のアトリエに禁令が出され、活動は地下に潜った。一九〇八年、オスマン・メイスナリーを中心とする青年将校による無血革命で専制君主のアブデュルハミト政権が倒されたことは近東のメイスンに希望を与えたが、新政権はトルコ民族主義に傾斜していった。スコットランド古式典礼派の近東メイスンがその政策に反対したので、一九一六年にすべての結社活動が禁止された。イラン出身でトルコやエジプトで活動した知識人ジャマル・ウド・ディン・アフガーニー（一八三八〜九七）は、フリーメイスンにナショナリズムの可能性を見出した。

オスマントルコの属州であったエジプトにはエジプト・ナショナル・グランド・ロッジがあったが、そのグランド・マスターであったアルバニア系のヘディーヴ（副王の称号）・イスマイルはメイスナリーを私物化していた。アフガーニーは債権国イギリスの副領事に勧められてイングランド・グランド・ロッジに連なる「イースタン・スター」ロッジの指導者となり、ナショナリストとともにイスマイルを批判した。イスマイルの息子のタウフィーク・パシャはアフガーニーの信奉者だった。そのアフガーニーがもう一つの債権国であるフランスのグラントリアンの配下で新ロッジを立ち上げてエジプトの立憲議会制を要求すると、イギリス系のロッジから追放された。やがてタウフィークがエジプト・ナショナル・グランド・ロッジのリーダーとなり、さらに父の跡を継いでヘディーヴとなってアフガーニーと袂を分かつことになった。一八八二年からイギリスはアラブ・ナショナリストを牽制するためにヘディーヴ体制を守って軍隊を常駐させた。ナショナリストのロッジを牽制するために、イギリス・グランド・ロッジのエジプト支部を一八九九年に設立してイギリスに協力する勢力を養成した。第一次大戦でオスマントルコの宗主権から切り離されて王国となったがイギリスの間接支配はつづき、エジプト・ナショナル・グランド・ロッジの方ではナショナリストと親イギリス派が共存しジャーナリストやイギリスの行政官、エジプトの首相などが意見を戦わせた。

第一次世界大戦後に国際連盟は、旧オスマントルコの支配下にあった近東の国々を独立に必要な政治的、経済的条件を備えるためとして、イギリスとフランスの行政下に置いた。そのためにどの国でもフランス系のメイスンとイギリス系のメイスンが共存するようになった。それまでエジプト・ナショナル・グランド・ロッジの系列にあったレバノンやシリアのフリーメイスンは、フランスのグラントリアンとグランド・ロッジにとってかわられた。

レバノンのフランス系ロッジはフランスの利益誘導につながる活動をするので、ナショナリストたちはエジプト系やイギリス系ロッジに集まった。その後、エジプト・ナショナル・グランド・ロッジは、積極的にレバノンやシリアのロッジを管轄下に入れようとした。エジプトのロッジでは、フランスにもイギリスにも与《くみ》しないナショナリストが集まっていたからだ。一方でパレスティナに進出するのは容易ではなかった。当時のイスラエルのロッジでは、教育や経済の振興を目的にシオニズムを容認する傾向があったからだ。一九三二年にエジプト・ナショナル・グランド・ロッジのうち七つのロッジがパレスティナ・ロッジとしてまとまった時には、グランド・マスターのアラドン・クロッキーをはじめかなりの数のユダヤ人がメンバーだった。

これらの状況が物語るのは、アラブ世界におけるフリーメイスンというものが、宗教的な地下組織ではなく、政治的ロビーとパラレルであったこと、英仏を中心とするヨーロッパの利益争奪戦の裏舞台であったということだ。それでも、フリーメイスンが本来掲げる普遍主義や「自由、平等、兄弟愛」の理念は、アラブ・ナショナリズムに人脈作りの場を提供することになった。

ナショナリズムと普遍主義

北アフリカでフランスの植民地となったアルジェリアでは、スーフィ神学者でユマニストであるアブデル・カーデル（一八〇八〜八三）が帝国主義フランス軍に対してレジスタンス運動を展開した（一八三二〜四七）。敗れてフランスに捕えられた後シリアに亡命したが、一八六〇年にシリアで起こったキリスト教徒迫害からキリスト教徒を擁護したことでフランスからレジオン・ドヌール勲章を授かり、ローマ教皇ピウス九世団のメンバーの称号も贈られた。そのユマニスムに「アラブ世界」啓蒙の可能性を見たフランス・グラントリアンのパリの「アンリ四世」ロッジはアブデル・カーデルと膨大な数の書簡を交わした。グラントリアンは、アブデル・カーデルをアラブ世界の名誉メイスンであると宣言したが、グラントリアンを実存主義的だと見たアブデル・カーデルは、彼らを「神の道」に引き戻すことができないと見ると、一八六五年に交信を絶った。彼の相手が一神教の神を信じるフランス・ナショナル・グランド・ロッジであったなら別の展開があったかもしれない。

フランスの支配下に入ったアルジェリアではフランス系フリーメイスンが活動した。一八七〇年から始まる第三共和政はフリーメイスンがフランス革命の理念を掲げて最も活躍した時代である。特に法務大臣となったアドルフ・クレミューは、ユダヤ人家庭の出身で一八一八年にニームのグラントリアンでイニシエーションを受けたメイスンで、「信教の自由」を熱心に擁護した。宗教儀礼を推奨していなかったが自分の宗教は「神と魂の不滅」だと言い、ユダヤ教は唯一神が普遍的モラルの十戒を与えたユマニスム価値観の先駆だとみなした。啓示の神への信仰は理神論的グラントリアンとは合わず、一八六〇年にはスコットランド古式典礼派のフランス最高会議メイスンに加わってリーダーとなり改革に努めた。一八六七年には世界中のユダヤ人に、トルコから迫害されているレバノンのキリスト教徒を救いに来るよう呼びかけ、フランスの啓蒙精神に基づいた自由ユダヤ普遍主義を国際的に広めて、アラブ世界のユダヤ人を救い、西洋のユダヤ人を「近代化」しようとした。アルジェリアのユダヤ人をアラブの慣習から解放するため全員をフランス市民とし、ムスリムや他の外国人にもフランスの市民法を受け入れる条件で国籍を与える国籍法（一八七〇）を施行した。

このようなアルジェリアであったが、第二次大戦をフランスの海外県として戦った後、ドイツ占領下のヴィシィ政権による反ユダヤ＝反フリーメイスンのプロパガンダの影響を受けてフリーメイスンは一掃された。

一方、同じフランス植民地（保護領）のチュニジアでは、一九世紀初めにフランス人によってもたらされたフリーメイスンがインテリや有産階級に広まり立憲君主制による近代化が試みられていた。フランス支配下でも名目上の君侯《ベイ》であったモンセフ・ベイがヴィシィ政権によるユダヤ人とフリーメイスンの追放令を拒絶したので、フリーメイスンは生き残った。しかし一九五七年の共和国成立後は新政権がすべての組合や団体を廃止した。再建する団体は一党独裁の政権下の内務省の管理下に置かれ、フリーメイスンのメンバーは地下にもぐって残ったがロッジは消滅した。それでも神を信じることと「自由、平等、兄弟愛」の連帯と普遍性を認めることは矛盾しないとするエリート層はヨーロッパのロッジで断続的に活動しつづけて、インターネットなどの交信手段の革命とともに、「アラブの春」の自由化を用意したのである。

チュニジアと同様、第二次世界大戦後に中近東地域の国家の独立が達成された時、この地域のフリーメイスンの様相は一変した。

まず英仏系のロッジが衰退し影響力を失った。その後で浮上したのが、一九四八年のイスラエル建国に伴うパレスティナにおけるアラブ＝イスラエルの争い（第一次中東戦争：一九四八〜四九）とその反動で起こったイスラム主義の台頭、そして、世界の冷戦構造による緊張だ。一九四九年にはイスラエル・グランド・ロッジが、これまでのパレスティナのアラブ・ロッジからの離反を表明した。同年、シリアではスコットランド・グランド・ロッジでイニシエーションを受けたアル＝ザイム大佐がアメリカの支持を得て、やはりメイスンのアル＝クーワトリー大統領の中東戦争での汚職を糾弾して退陣させた。しかしほどなくザイム大佐も倒され、さらにナショナリストの集まるシリア・アラブ・グランド・ロッジのアル＝シシャクリー大佐が新たなクーデターで政権を掌握し、のちに大統領になった。大佐は一九五一年の大会で、中東にいまだ残る欧米の「メイスン帝国主義」を排せよ、と訴えた。アラブ・フリーメイスンの独立なくして真のアラブの独立はない。しかし一方で、国際フリーメイスンからアラブ・ロッジの正当性を認可してもらおうとしてフランスのグラントリアンから拒絶もされている。ここでも、フリーメイスンが併せ持つナショナリズムと普遍主義の葛藤があらわになっているのだ。

大統領がキリスト教徒、首相がイスラム教徒という棲み分けでスタートしたレバノンでは、カミール・シャムウーン大統領がレバノン・メイスナリーのグランド・マスターで、サーミー・アッ＝スルフ首相がレバノン・グラントリアンの高位マイスターだった。

エジプトでは、一九五六年六月に共和国の第二代大統領となったナーセルはフリーメイスンと友好関係にあり、七月にエジプト・アラブ諸国グランド・ロッジからグランド・マスターの称号を得た。

それはナーセル大統領の汎アラブ主義に合致し、レバノンやシリアの大統領にもフリーメイスンを通して汎アラブ主義をアピールした。イギリスのロッジもエジプトのロッジに取り入ろうとしたが阻まれた。シリアとエジプトが一九五八年にアラブ連合共和国を建国したので、レバノンとシリアのロッジが分かれるようになり、シリアの多くのロッジがレバノンに移動した。シリアは結局一九六一年にエジプトから離れた後、六三年のクーデターでバアス党が政権の座につくとシリアでのフリーメイスンは全面的に禁止された。翌年にはエジプトでも、フリーメイスンのアトリエはシオニストに利用されているという口実ですべてのロッジが閉鎖された。公的に認可されたものに限られはするがメイスナリーが存続を許されているのはレバノンのみとなった。

中近東のフリーメイスンは、欧米の帝国主義とともに移植され、現地のコラボを育てながら欧米の利権争いの裏舞台となるとともに、その普遍主義と「自由、平等、兄弟愛」によって独立主義、民族主義の温床となってアラブ世界の独立に大きな役割を果たした。けれども最終的には、汎アラブ主義にも、社会主義への接近にも、イスラム主義にも持ちこたえることができなかったわけである。言い換えれば、フリーメイスンは、西欧近代に侵食されたアラブ世界が自らの近代化を図り近代国家を築くにあたって、表向きの立場では不可能な、自由で国際的な交流の場を提供するという使命を果たした後で、もはや必要とされなくなったということだろう。

非一神教文化圏の植民地におけるフリーメイスン

つぎに、キリスト教とルーツを共有する一神教文化圏のアラブ世界とは異なる、非一神教文化圏の植民地におけるフリーメイスンの役割を見てみよう。それらの植民地におけるフリーメイスンはまず植民者同士のネットワークからはじまった。イングランドで近代フリーメイスンが誕生してからまもなく、一七二〇年代末から英領インドに続々と英国フリーメイスンのロッジが移設された。マレーシア、ビルマ（ミャンマー）、セイロン（現・スリランカ）、香港では一八四七年にスコットランド古式典礼派ロッジが設立された。フィリピンには一九世紀初頭からスペイン系ロッジが移設された。これらの国のフリーメイスンは、初期は白人植民者のみで構成されていたが、だんだんと「現地人」が増え、今は過半数を占めている。しかし、会費を払える層は現地の経済エリートに限られるので、必然的に政財界のキーパースンたちの利権を増幅したり守ったりする人脈を作り、「民主化」の道は遠い。

旧イギリス植民地では、イスラム教がマジョリティのバングラデシュにも、一九二二年創設のイギリス系統一グランド・ロッジがいまだ存続している。同じくイスラム教のブルネイにも、イングランド系とスコットランド系のロッジが存在する。

ヒンズー教がマジョリティのインドではどうだろう。

今は存在しないが最初のロッジである一七三〇年に創設されたイギリス統一グランド・ロッジは、現在ベンガル、ボンベイ（現・ムンバイ）、マドラス（現・チェンナイ）、北インドの四管区七〇ロッジに、一八四七年ボンベイにはじまったスコットランド・グランド・ロッジは西インド、東インドの二管区九ロッジに分かれる。アイルランド系ロッジは一九一一年にボンベイに創設された「聖パトリック・ロッジNo. 319 IC」がはじまりだ。いずれもイギリス軍隊と東インド会社とともに移設されたもので、軍隊の移動にともなって支部ができていった。インド現地人が加わるようになったのは一九世紀初頭以降だ。

特にフリーメイスンに接近したのはボンベイの「パールシー」と呼ばれる人びとである。彼らは

「ペルシャ人」という名の起源が表すように、ゾロアスター教を拝するササン朝ペルシャがイスラム勢力に追われて崩壊した後で西インドに移住してきた移民であり、宣教や混血をしないことを条件に受け入れられた経緯があり、イギリス植民者にとっては、インドの勢力との緩衝となっていた共同体だった。パールシーやシーク教徒などのマイノリティを仲間に入れることはイギリスによる統治政策にも有効だったのだろう。ゾロアスター教がイニシエーションの典礼を有していること、世界の創造神アフラ・マズダーを有していることも、フリーメイスンとの親和性があったと思われる。

実際パールシーからは今もインドの経済成長を牽引するタタ・グループなどの財閥が出ているし、社会的にも大きな影響力を持っている。ヒンズー教と、イスラム教徒が加わったのはかなり後で、非ヨーロッパ人のメンバーが過半数に至るのは二〇世紀半ば以降のことである。その結果、一九六一年には独自の憲章を持つインド・グランド・ロッジが分離したが、既存ロッジとも友好関係を保っている。インド・グランド・ロッジは東西南北四つの管区に分かれてそれぞれのグランド・マスターを頂く一万五〇〇〇人以上のメンバーを抱えている。

他の旧英領の国や地域でも状況は似ている。香港では一九世紀に設立されたイングランド、スコットランド、アイルランド系ロッジがあり一九九七年まで英国人メンバーが過半数を占めていたが、フリーメイスンを認可していない中国のもとでは英仏の自治ロッジのみが活動をつづけていると言われる。

一九四七年にインドから独立したパキスタンでは、一九七七年のクーデターにつづくイスラム軍事政権の登場などで多くのフリーメイスンが消滅したが、イギリス連邦加盟国に戻ったこともあってイギリス統一グランド・ロッジ系の二つのロッジのみが生き延びた。

やはり英連邦加盟国のスリランカではまずオランダ領セイロン時代に最初のロッジが設立され、一時、オランダを制圧したフランスによってフランスのグラントリアンにとってかわられるが、一七九六年にイギリス領となり、イングランド系、スコットランド系、アイルランド系のミリタリー・ロッジができて、一八三八年にイギリス系の「セント・ジョン・オブ・コロンボ」ロッジが生まれた。いまも、イングランド系、スコットランド系、アイルランド系ロッジがあり、多宗教の現地人のメンバーを擁する。

ネパールではイギリス・グランド・ロッジの管轄下にあるベンガル管区に属するカトマンズのロッジが一つだけ存在する。

マレーシアでは一八〇九年からイギリス系ロッジが創設され、独立後も英連邦に残ったこともあり、イスラム教が国教であるにもかかわらず残っている。マレー系の他にインド系、中華系のメンバーも少なくない。

中国、カンボジア、ラオス、ヴェトナム、北朝鮮といった共産主義系政権の国では、ソ連においてそうであったようにフリーメイスンは原則として存在しない。ビルマ（ミャンマー）の一三のロッジをのぞくと、ナショナリストや軍事独裁政権の国（パキスタン、インドネシアなど）でも消滅に向かっている。

一七六七年から一九四九年にかけて、中国にはイングランド、スコットランド、アイルランド、マサチューセッツ、フィリピン管轄のさまざまなロッジがあった。フィリピン・ロッジによって創設された中国グランド・ロッジは共産軍に追われて一九四九年に台湾に移動し、アメリカの典礼を採用し、アメリカ、カナダ、ヨーロッパ系ロッジから公認されているが、イングランド、スコットランド、アイルランドのロッジからは公認されていない。一九九三年には九つのロッジで七五五人のメンバーが記載されていた。上海には欧米の駐在員などを中心にした非公式ロッジがあるが、会合はタイなど別の国で行われる（後述）。一神教的霊性の他に慈善活動を標榜しているので、メイスンの名を出さずに四川大地震の人道支援に向かった多くの医師がいる。

シンガポールには他の英連邦国家と同様イギリス統一グランド・ロッジ管轄下のグランド・ロッジの他、スコットランド系、アイルランド系ロッジがある。最も古いものは一八四五年設立のもので、いまは中国系メイスンの割合が多い。

ビルマでは、一九世紀半ばにスコットランド・グランド・ロッジとイングランド・グランド・ロッジの管区が創設されて、今も一三のロッジが活動しているが、メンバーの大半はビルマ人と中国人からなる。ビルマでフリーメイスンの活動が容認されつづけていることは、有力な政治家がメンバーであることをうかがわせる。

フィリピンでは、マルコスによる独裁政権下でも二〇年以上にわたってフリーメイスンが存続してきた。このことは、アジアで唯一、国民のマジョリティがカトリックであるという「一神教」の国柄であることと切り離しては考えられないだろう。

フィリピンでは、スペイン政府によるフリーメイスンの禁令とメンバーの追放の記録がすでに一八世紀に見られる。ロッジの文書で最も古いのは一八五六年のポルトガル系のもので、一八八〇年にはスペインのグラントリアンがフィリピン・ロッジを認可している。一八九八年にアメリカの支配下に入ってからは多くのアメリカ・グランド・ロッジが設立され、同時にフランスのグラントリアンやスコットランド・グランド・ロッジも入ってきた。一九一七年には、カリフォルニア、スペイン、ポルトガルの管轄下だったロッジを統合したフィリピン・グランド・ロッジが設立されて、一万五〇〇〇人以上のメンバーを擁している。スコットランド系「オリエントの真珠」ロッジをはじめとする少数ロッジも存在している。カトリックの国にアメリカ典礼が受け入れられているのも、「一神教」の共通点があるからだろう。

大韓民国も同様で、日本から独立した反動もありキリスト教徒が三〇パーセントを占めるようになったうえに、ミッションスクールにエリート層の割合が多いので一神教が容認され、主として米軍兵士の通うロッジが戦後からつづいて存在している。スコットランド・グランド・ロッジの管轄下にある極東管区グランド・ロッジの他、フィリピン系グランド・ロッジの韓国支部も存在する。最も古いロッジは李氏王朝の一九〇八年に創設されたとされる「Han Yang No. 1048 SC」である。

非一神教文化圏で植民地化されなかった国のフリーメイスン

つぎに、近代における欧米列強による植民地とならなかった日本とタイのケースを見てみよう。

日本では、陰謀論の一種として、江戸末期の討幕運動の時に、薩摩、長州、土佐の勢力がフリーメイスンだったというような言い方がされることがある。幕末に武器商人として長崎で活躍したスコットランド出身のトマス・グラバーがフリーメイスンで、薩摩藩の森有礼などの海外留学も助けたというものだ。この時代にこのような立場にいたスコットランドのトマス・グラバーがフリーメイスンであったということは不思議ではない。しかし、このような「陰謀論」ではその一人のメイスンと接触した日本人がつぎつぎにメンバーとなったかのような印象を受けるが、フリーメイスンのイニシエーションには複雑な手続きがあるのでそう簡単にメイスンになれるものではない。さらに、スコットランド古式典礼派のフリーメイスンは天地創造の唯一神を信じ聖書に手を置いて誓うのが前提であるから、長いあいだキリスト教禁令がつづいた日本人の宗教観と合致しない。実際、明治新政府も、当初は徳川時代からのキリスト教禁令を継続し、姿を現した信徒や改宗者が弾圧されている。欧米との不平等条約改正の条件として禁止令が破棄されたのは一八七三年のことだ。

すなわち、新政府のメンバーは、基本的に「キリスト教」すら受容していなかったわけで、ユダヤ＝キリスト教の一神教の信仰を前提とするフリーメイスンに接触する余地はなかったと思われる。欧米諸国から軍事的に占領されたり植民政策がとられたりした非一神教の国々では、植民者のための教会がつぎつぎと建てられ、同時に軍隊用のロッジや植民者のロッジ、また本国との貿易において利益誘導をするためのロッジなどがつくられた。

ところが、すでに「キリスト教」禁令があり、教会の建設さえ厳しい条件をつけられていた日本では話が違う。一神教ではない日本に植民者としてではなく進出した欧米列強が日本人を取り込むためにネットワークを創ろうとしたとすれば、それはフリーメイスンより先に、まずキリスト教のコミュニティであったはずである。ところが「和魂洋才」を掲げた日本でのキリスト教宣教は容易ではなかった。フリーメイスンとは一神教的メンタリティがセットアップされてはじめてインストール可能なソフトであるから、日本人を交えたロビーを形成することは困難であったと思われる。この時に欧米のビジネスマンらが自分たちのために開設したスコットランドやイングランド系のロッジは事実上二〇世紀を生き延びることはできなかった。

幕末から第二次大戦開始前までにフリーメイスンのイニシエーションを受けていたとされる少数の日本人は、留学先であったり、キリスト教に改宗した流れであったりしたが、それがより大きな流れを形成することはなかった。

日本が主権を失い軍事的に占領されたのは第二次世界大戦敗戦からの六年余りだ。この時にはアメリカの軍隊のためのロッジが作られ、マサチューセッツ・グランド・ロッジや、フィリピン・グランド・ロッジがつぎつぎと生まれた。独立後の一九五七年にはフィリピン・グランド・ロッジの多数が統合して日本グランド・ロッジを設立したが、ほとんどは在日米軍とその家族のためのもので、米軍の数が減少するとともに会員も減っていった。いまでも九〇パーセントの会員は非日本人であり、ロッジでの会合は英語でなされる。東京タワーのそばに日本グランド・ロッジや日本メイスン財団などが入る東京メソニック・ビルディングがあり、無料説明会もおこなわれている。

第二次大戦後にはキリスト教の少なからぬ修道会が戦災孤児の救済などの活動をはじめた。しかし、第二次大戦中の激しいアンチ・フリーメイスン・プロパガンダを経ていたヨーロッパ系、カトリック系の修道会の進出はロッジの形成に結びつかなかった。また、戦後皇太子の家庭教師であったヴァイニング夫人のようなクェーカー教徒も、絶対平和主義で兵役拒否をする宗派であるから、独立戦争で先頭に立ったアメリカ系フリーメイスンとは長いあいだ確執があった。在日米軍を中心とするフリーメイスンと日本人を結びつけることはない。また、アメリカ系フリーメイスンは何よりも半公開の親睦団体として存在したので、そこから派生したロータリー・クラブやライオンズ・クラブのような組織と同様、それ自体は政治的に重要なロビーを形成してはおらず、互助と慈善活動を中心にしている。

二〇〇八年には東京で最初のフランス系ロッジが創設された。これはグラントリアンとは違い、「人権」ロッジと呼ばれる完全な男女平等共生ロッジであり、人種、民族、思想、宗教を問わず、シンボリックな典礼によって、人類の完成と栄光の神殿を築くと謳う。フランスではグラントリアンも一神教的「宇宙の大建築家」概念を外したが、この「人権」ロッジはそれをさらに「世俗化」したものので、人間と社会の改良と真実を希求する普遍的友愛組織であるとする。

「人権」ロッジはマリア・ドゥレスムが一八九三年にパリに創設した男女共同のアトリエに発している（コラム④参照）。ドゥレスムは一八八二年に、女性の入会を認めていたパリ郊外のスコットランド・シンボリック・グランド・ロッジでイニシエーションを受けた。一八九四年に世を去った彼女の遺志を継ぎ、一九〇一年に、最高評議会を頂く男女混合の「人権」インターナショナル・フリーメイスンが非営利団体として認可され、第一次大戦後の一九二〇年のパリで開かれた世界大会では、フランスと植民地、アメリカ、オランダ、イタリア、イギリス、スイスのロッジが集まって憲章を批准した。典礼としては三三のグレードを持つスコットランド古式典礼を採用している。フランスでは六七〇ロッジに一万七〇〇〇のメンバーを擁し、スペインにも支部ができている。このロッジの特徴はフェミニズム運動の一環をなしていることだ。「人権」ロッジとスコットランド・シンボリック・グランド・ロッジは、フェミニズムのロビーを形成する男女共同ロッジという共通点を持っていたが、政治哲学的な立場を異にして袂を分かつようになっていた。スコットランド・シンボリック・グランド・ロッジは事実婚や人工妊娠中絶合法化をめざしていたが、「人権」ロッジはよりブルジョワ的な家庭観を持っていた。前者は内部分裂して一九一一年に解散したが、後者は発展して日本にまで到達したわけだ。

日本と同様、アジアにおいて欧米に植民地化されなかった仏教国タイにおいて、ナショナル・ロッジは存在しない。二一世紀に存在するのは「セント・ジョン No. 1072 SC」というロッジのみで、このロッジはスコットランド・グランド・ロッジの監督下にある中東管区グランド・ロッジに属している。他にフランス系、イングランド系、オランダ系のロッジが非公式に存在する。

フランス系ロッジとアメリカ系ロッジの例を具体的に見てみよう。

フランス系の「フェデリス・アルカ（Fœderis Arca）」ロッジはフリーメイスンが禁じられている上海のロッジで、会合はタイでおこなわれている。アメリカの「プリンス・ホール」ロッジはヴェトナム戦争の時に作られたものでアフリカ系アメリカンが中心である。

「フェデリス・アルカ」ロッジは、パリのグラントリアンの提唱によってスコットランド古式典礼を基に一八七四年に上海のフランス租借地に創られたが、当時強力だったイエズス会の反対によって解消した。二〇〇五年一二月、今度はフランス・ナショナル・グランド・ロッジ（GLNF）によって中国やアジアに住むフランス人のために「上海フェデリス・アルカ」ロッジが再設された。グラントリアンはすでに一神教的スタンスから離れて、「宇宙の大建築家」の概念や神の信仰をベースにするアングロ・サクソン系ロッジと別の道を歩んでいたからだ。男性のみの伝統的ロッジであり、アジアの他の六ヵ国にあるGLNFとも交流がある。非キリスト教国における一神教ロッジは、異文化と遭遇する欧米人の互助組織のようにもなっている。滞在国の法律を遵守するので、「フェデリス・アルカ」ロッジは中国人を「勧誘」しないし、会合はタイでおこなわれるわけだ。

イングランド、スコットランド、フランス系のフリーメイスンの一般会員は伝統的に身分を隠す。第二次大戦の翼賛体制のなかで迫害された記憶が新しいからだ。独立戦争のリーダーであり社会的認知のある社交クラブの顔ももつアメリカのフリーメイスンは、非キリスト教国においても伝統的に所属を隠すことなくオープンにふるまっている。アメリカは建国の精神のなかに「神」の概念を含む国であるから、ユダヤ＝キリスト教系のフリーメイスンとの葛藤がない。

タイのプリンス・ホールのケースを見てみよう。その起源はアメリカのデラウェア・グランド・ロッジである。プリンス・ホールは、ヴェトナム戦争の時に創られた米軍を司令部にしたイギリスの部隊の名だ。頑健で自由で法を守り神を信じる男が知恵を広める組織で、「シャム・ミリタリー」ロッジという異名も持つ。メイスンは匿名でエイズ患者や高齢者施設やホームレスを助ける活動に加わっている。またメイスンの未亡人を金銭的に援助する互助関係もある。タイ人はごく少数である。

コラム③　ナポレオンとフリーメイスン

「あいつらは、いいことをしようとしてとんでもない狂気に走る馬鹿者どもだ。とはいっても、彼らも、時々はましなことをした。革命の役に立ったし、教皇や教会の力を削減するのにも役立った」

失墜して大西洋の孤島セント・ヘレナに追いやられた翌年、死の五年前に当たる一八一六年にナポレオンがこう語ったのはフリーメイスンについてだった。

フリーメイスン運動はフランスの革命前の旧体制（アンシャン・レジーム）において、政治的自由主義、宗教的相対主義によって啓蒙思想の醸成の場を提供していたが、同時にその秘密主義や秘教主義によって、あらゆる陰謀論の主な一翼を担ってきた。フリーメイスンの掲げた「宇宙の大建築家」は、キリスト教の教義の語彙を使わないという点で「理神論」的な考え方に基づく概念であったとはいえ、一神教的な「万物の創造神」を指しているのはまちがいがない。またロッジ内でおこなわれるさまざまな儀式や、諸宗教を折衷したようなシンボルの多用などは、ナポレオンのようなプラグマティックな人間にとっては、まるで蒙昧な「新興宗教」に見えたとしてもおかしくはない。けれども、当時のフランスのマジョリティである伝統的なカトリックの陣営にいた知識人や貴族も、また絶対王政によって追われたプロテスタントの思想家にも、教義や典礼を信じなくなった理神論者や無神論者にも、現実の共同体と精神的霊的なシンボルとを分けるなどという発想はなかった。彼らはそれぞれの社会的立場とは別のフリーメイスナリーという場において、普遍価値に基づいた「法の支配」と三権分立による共和国理念を育てていたのだが、その場における兄弟愛《フラテルニテ》を担保する固有の霊的シンボルを必要としていた。それは、中世以来、各種の職業組合が同じ守護聖人を戴く兄弟団《フラテルニテ》として仲間内の暗号や儀式を維持してきた心性の延長であり、カテドラルの建築のために欧州各地を旅した石工《メイスン》の組合をシンボルに掲げているフリーメイスンがキリスト教テイストの儀式を前提としたのは当然だった。しかしキリスト教から既成教会色を薄めてより思弁的にするために、彼らは政教分離的世俗主義を採る代わりに、ルネサンス以来研究の対象となっていた永遠の哲学《ペレニスフィロソフィア》へと向かった。すなわち、歴史のなかで古今東西現れたいろいろな宗教は源を辿れば一つのものであり、それが途切れることなく地下水脈を流れているという考えだ。フランス革命を用意した啓蒙主義の時代には、一方で、既成宗教の「蒙昧」を批判する科学主義や合理主義が生まれたわけだが、宗教を廃する発想よりも、相対化することによって、普遍主義共和国にふさわしい普遍宗教を創ろうという発想がエリートたちの心をとらえたのである。

だからこそ、イングランドのプロテスタントから生まれた近代フリーメイスンは、フランスに広まった時に古代エジプトなどの秘教的な典礼を加えたものが人気を博したのである。共和国主義をめざすフリーメイスンの一角をなしていた宮廷の貴族階級のなかにも、錬金術などによって私利私欲をそそられた者が出てきたのは当然の帰結でもあり、フリーメイスンは、秘教主義《エソテリスム》と普遍主義《ユニヴァーサリズム》が両立するアンビヴァレントな場となっていた。

　フランス革命に先立つアメリカの独立戦争にフリーメイスンが果たした役割は大きく、ナポレオンはもちろんそれを認識していた。ナポレオンはあらゆる点で他のフランス革命の指導者たちと異なっていた。彼は、ロベスピエールのように理性の女神の祭典も必要としなかったし、聖母マリアの代わりに革命の先頭に立つ共和国のシンボルであるマリアンヌも必要としなかった。社会の秩序維持には宗教が必要だとはすぐに見抜いたが、新宗教を立てたり宗教もどきの猿真似をしたりするよりも手っ取り早く、基盤のある伝統的なカトリックを復活させてその枠内で自分が「神」の地位に就くことをめざしたのだ。言い換えると、ナポレオン自身は「生きる指針としての信仰」を必要としていなかった。特定のシンボルも、典礼も、崇拝の対象も必要なかった。彼が必要としたのは既成の宗教の枠組みのなかでいかに民衆の崇拝の対象を自分に誘導していくかというセルフ・プロデュースだったのだ。

　そのナポレオンがじつはフリーメイスンの一員だったという説は現在でも残っている。兄弟や義理の兄弟にフリーメイスンがいるのはたしかなようで、ナポレオン自身もコルシカのロッジに属していたという説もあるが、有名なのは、エジプト遠征（一七九八～九九）の時に現地で入会《イニシエーション》の儀式を受けたというものだ。ナポレオンのエジプト遠征は、軍事活動であると同時に本格的な科学調査でもあった。それを機にヨーロッパにおけるピラミッドやヒエログリフ熱は一気に高まった。フリーメイスンのロッジにもオリエント風味の「ミスライム典礼」が現れ、メイスンの由来を、「中世の大聖堂の石工」からエジプトのファラオやイシス神の信仰に求める者も出てきた。ナポレオンこそは砂漠で入会するのにふさわしい。

ナポレオンがフランス革命におけるフリーメイスンの人脈に通じていたのはたしかだ。一七九九年の革命で第一統領となって権力を把握した時に彼のとった戦略はフリーメイスンを禁止したり解散させたりすることではなく、支配することだった。恐怖政治の時期に影を潜めていたパリのロッジは、コルシカ出身の新権力者ナポレオンの敵の巣窟となるリスクもあったが、ナポレオンのプラグマティズムは、ロッジを温存することでカトリック教会を裏から牽制できるとみた。同時に、フランス革命を支えた貴族や名士たちはロッジの枠でまとめておく方がコントロールしやすいと考えたのだ。皇帝になってからもその方針は変わらなかった。彼はやがてナポリ王、スペイン王の称号を得る実兄のジョゼフをフリーメイスンのグランド・マスターに据え、カンバセレス、マセナ、セリュリエ、フーシェといった元帥や将軍や政府高官たちをメイスン組織の高位に配した。ロッジは警察に監視された。いわば帝国のイデオロギー裏軍団に作り替えたようなものだったわけである。メイスンのほとんどはグラントリアンにまとめられ、皇帝軍の勝利を祝い、皇帝の家族の結婚や子どもの誕生を祝い、春の初めには「自然の目覚め」祭、冬の初めは「自然の休息」祭を祝うことが義務づけられた。旧体制の貴族や聖職者は少しずつ離れていき、新興ブルジョワジーを中心とした「帝政フリーメイスン」に変質させられたのだ。一八一四年、プロイセン軍とロシア軍がパリに入城してナポレオンが廃位した時、ジョゼフ・ボナパルトやカンバセレスらメイスンのトップも亡命し、多くのロッジが活動を停止した。

ところが、ルイ一六世の弟でイギリスに亡命していたルイ一八世が王位についた後、フリーメイスンは、今度は王政シンパとして活動を再開し、ルイ一八世が死んだ時は彼をメイスンの一人だとみなして葬礼を執り行った。ルイ一八世政府の内務大臣であったエリ・ドゥカーズはメイスンの中枢にいた。グラントリアンは自らを「法律、宗教、王政、その他民衆が崇敬するすべての尊重に基づく、福祉と人類愛の集まり」と定義した。

もちろんすべてのフリーメイスンが共和国主義を捨てて王党派に転向したわけではない。むしろナポレオンの没落によって以前より政治的に急進化し、秘密結社的性格も強くさせた新しいレジスタンスの場も形成された。その経緯でイタリアの炭焼党《カルボネリア》との共闘が起こる。炭焼党は石工同業組合をモデルにしたメイスンと違い木炭製造業組合をモデルにイタリアに生まれたが、その中心人物は、ナポリ王となったメイスンであるジョゼフ・ボナパルトの親友でやはりメイスンの弁護士ピエール＝ジョゼフ・ブリオだ。ナポレオンの没落後に侵攻したオーストリア軍に抵抗し、自由イタリアの統一をめざした炭焼党は一八一九年に六四万人以上の党員を抱えていた。ブリオがナポレオン帝国の崩壊後にフランスに戻った後で、炭焼党もフランスに広まり、パリの「真実の友」というメイスンのロッジを中心に勢力を伸ばした。このロッジは共和派の若い学生を中心に一〇〇〇名を超えるメンバーがいたが、フリーメイスンの典礼などを重視したわけではなく、完全に政治的地下組織となっていた。

アメリカの独立戦争にも活躍した啓蒙思想の活動家でメイスンであるラ・ファイエット侯爵も炭焼党に加わった。自らも貴族で立憲民主主義に基づく王政をめざしていたラ・ファイエットは革命時にジャコバン党と対立して亡命しオーストリアで捕虜となっていたが、ナポレオン統領時代にフランスに戻った。けれどもラ・ファイエットはナポレオンが皇帝となり自らを「神」になぞらえて、キリスト教もフリーメイスンも「帝国仕様」に変質させることを容認できなかった。

ナポレオンの敗退後はルイ一八世がフランス革命と旧体制とを統合できるかと期待したがかなわなかった。王党メイスンの中心人物となったエリ・ドゥカーズは、王家に対する謀略を企てる者を裁判なしに逮捕拘束できる治安法案を議会で通過させた。それは旧体制下で王への謀反分子を裁判なしに断罪できる「勅許状」の復活に等しい。採決の場で反対派議員として法案を激しく糾弾したラ・ファイエットは、やがて息子とともに炭焼党に身を投じた。アメリカの独立戦争をともに戦ったフリーメイスンの大先輩にちなんで息子は、ジョージ＝ワシントンと名づけられていた。

各地で反体制運動を展開した炭焼党員のうち、二〇代の四人の若者がギロチンの刃によってパリで公開処刑されたのは、セント・ヘレナ島でナポレオンが病死した翌年の一八二二年の九月である。ナポレオンとともにワーテルローで戦って負傷した若き軍曹ジャン＝フランソワ・ボリエスもその一人だった。炭焼党員であるとともにフリーメイスンでもあった。

実力行使なしの謀議のみの罪で捕われたうえに仲間の名や組織構成を明かすことなく処刑されることを選んだ若者たちの姿は多くの人びとを感動させた。「ラ・ロッシェルの四人の軍曹」と語り継がれた彼らの死は一八三〇年、四八年、七〇年とくりかえされる新たな革命のエネルギー源となったのだ。

ナポレオン戦争で幕を開けたヨーロッパの一九世紀はロマン派の時代でもある。「自由のために一命を捧げる」という自己犠牲のテーマは、救世主の死と復活によって救いが成就するというキリスト教の基盤にもあり、形を変えてアメリカの独立戦争やフランス革命の闘志たちを鼓舞した。ナポレオンも自由や平等という普遍主義を掲げた「啓蒙の世紀」の申し子ではあったけれど、自らを終身の元首に位置づけて権力の世襲を図った後では「ロマン派の世紀」を乗り切ることができなかったわけである。

全能の神になろうとしたナポレオンは「軍神」にしかなれなかった。ロマン派の世紀が必要としたのは「自己犠牲の神」であり、「自由の殉教者」だったのだ。

コラム④　フリーメイスンとフェミニズム

イギリス統一グランド・ロッジのグランド・マスターはエリザベス女王のいとこであるケント公である。

一七一七年にできた世界一古い由緒あるグランド・ロッジは何度か規定を変えてきたが（聖書に手を置いて「宇宙の大建築家」に誓うという儀式が一九八九年にはそれぞれの信仰に従った「聖典」に手を置いて「至高存在」に誓うというように間口が広がった）、ランドマークと呼ばれる原則は変わらず、そのなかには女性の入会拒否がある。そのせいで、英国国教会の首長であるエリザベス女王はメイスンに所属できず、そのいとこのケント公が代表しているのだ。これはアングロ・サクソンの成人男性の「クラブ文化」の伝統を反映しているわけだが、一方でエリザベス女王下のイギリスで

ケント公（イギリス統一グランド・ロッジHPより）

は国教会が一九九二年に女性司祭を容認していまは司祭の三分の一が女性となり、二〇一四年には女性司教の可能性も容認された。

政治空間の非宗教性が厳しく監視されるフランスでは、フランス革命の精神で政治的になったメイスンにも非宗教性が反映されて「至高存在」もたてないグラントリアン（イギリスのグランド・ロッジからは否認されている）が最も優勢なフリーメイスナリーとなり、女性支部や、男女共存（女性会員が三分の二を占める）「人権」ロッジが存在するなど、イギリスとは対照的になっている。一方で伝統宗教であるカトリック教会の方は聖職志願者の減少にもかかわらず女性司祭の可能性は封じられている。

逆説的なのは、「至高存在」や「聖典」にこだわるアングロ・サクソン系のグランド・ロッジではロッジ内で政治・宗教の話題が禁じられているのに対して、グラントリアンは、無神論も含めた信教の自由を掲げてそのなかで信仰者も無神論者も「兄弟」として自由に共存できるという理念のもとで、政治・宗教のテーマがむしろ積極的に取り上げられてきたことだ。それは、信仰者も無神論者も「市民」として共生するというフランスの政教分離《ライシテ》をそのまま反映しているものだ。

イギリス系ロッジの「女人禁制」の理由は女性には秘密（約束）が守れないという偏見（エデンの園のアダムとイヴの堕落）や、女性会員では高額の会費を払えないという考え方などから来ている。貴族女性の主催するサロン文化の伝統のあるフランスでは一八世紀から女性を同伴できる準ロッジができ、革命前には男性メイスンと同じく盛況をきわめていた。イギリスでは一七一二年に兄に連れられて会合に参加していたエリザベス・アルドヴォースが最初の女性メイスンだと言われ、一七四四年には女性を迎えるロッジがパリにあったという話も伝わっている。同階級の社交サロンと化していたフリーメイスンが「前垂れなしのメイスン」と呼ばれる女性たちをまったく拒否していたとは考えられない。それでも最初は、女性メイスンは父、兄弟、夫などの男性メイスンの「保護監督下」にあると見られていたが、「原罪を犯した女」としてのイヴのイメージは、一七七九年のマニュアルではエデンからの追放が神に望まれた犠牲に通じるということでイエスに重ねられている。エジプト典礼の女性ロッジではグランド・マスター以外の男性が締め出されることになった。

女性は石工ではないので、「見習い－職工－親方」の三段階は、バベルの塔やノアの箱舟などの聖書のシンボルに置き換えられていた。イニシエーションの折に膝や肩をむき出しにさせることも女性メイスンにはなく、イニシエーション後に渡される白手袋も浄化を意味する一組だけだった。男性会員には妻以外でもよい大切な女性に進呈するもう一組の手袋が与えられたが、女性は感情を表に出すことを許されていなかったからだ。それでも女性の進出はつづき、貴族の女性はフリーメイスンのなかで囚人の解放や若い女性の持参金積立などの社会問題に目覚め、男たちは娘や息子の結婚相手の選択肢を増やした。

フランス革命の後は男性ロッジよりも女性ロッジが先に消滅したのは言うまでもない。しかし一八八〇年代、フェミニズムの一派が社会における女性の権利の拡張のためにフリーメイスンに注目するようになった。女性を受け入れるロッジや女性だけからなるフランス女性グランド・ロッジが生まれた。それを支えたのは男性メイスンの反教権主義だ。「女子供」のためには蒙昧なカトリック教会が役に立つという啓蒙の世紀の立場とは変わって、女性を教会の影響から切り離すためにフリーメイスンに引き入れるべきだというレオン・リシェのような女権論者が現れた。一八六九年にリシェやポール・ミンク、ルイーズ・ミッシェル（一八三〇〜一九〇五）とともに女権拡張団体を創ったマリア・ドゥレスム（一八二八〜九四）は、一八八二年に「ペックの自由思想家」ロッジ（スコットランド・シンボリック・グランド・ロッジの系列）でイニシエーションを受け、女性の参加こそが人類を継承させていく両性の平等を示すものだとグラントリアンで演説した。ドゥレスムはブルジョワ家庭出身だが洗礼を受けておらず反教権主義の啓蒙思想家だった。ルイーズ・ミッシェルは一八七一年のパリ・コミューンでも活躍した無政府主義者で、一九〇三年には、ドゥレスムが最初にイニシエーションを受けたスコットランド・シンボリック・グランド・ロッジでイニシエーションを受けている。九月一三日の入会の翌日にフェミニズムについての講演をしているところから、名誉会員的立場であったことがわかる。フリーメイスンは入会希望者を選別するだけではなく、自分たちの思想に合致した政治家や思想家を名誉会員にすることも少なくない。

異端として糾弾された自由思想家ロッジはドゥレスムを除名し、ドゥレスムは死の前年にジョルジュ・マルタンと共に男女共同の「人権」ロッジを立ち上げた。私財も投入したマルタンの他は一六人の女性が集まり家族のメンバーもいた。フリーメイスンは女性選挙権獲得の活動家たちにとって自由主義イデオロギーを学ぶ場所だとみなされた。一九〇四年にフランス最初の精神科医マドレーヌ・ペルティエ（一八七四〜一九三九）がスコットランド・シンボリック・グランド・ロッジに入会し社会平等や共和国主義を唱えたが、フリーメイスン内の根強い女性蔑視に出合って、「もしカトリック教会が女性の権利を認めるならば自分は教会の方に行くだろう」と発言して一九〇七年に除名された（第一次大戦後に復帰）。

講演者として女性を容認したロッジも、その多くは、講演の内容よりも女性らしさや美しさが評価されていた。男装していたペルティエのようなタイプの女性はなかなか受け入れられなかったのだ。ロッジのなかでの性差による「役割分担」が求められた。これは政治において、女性には国政でなく市政にのみ参加させようという動きと軌を一にしていた。

フリーメイスンの「兄弟」には哲学的、政治的、精神的、象徴的な考察、男性議員には財政、軍事、国際政治が任され、「姉妹」には人類愛や女性的テーマ、シンボルについては簡単なもの、女性議員は教育や社会福祉を担当するといったものだ。

それでも男女が同席する「人権」ロッジやミックス・グランド・ロッジは存続しつづけた。一九三九年にはミックス・ロッジには三〇〇〇〜四〇〇〇人のメンバーがいて、その五分の三は女性だった。準ロッジには三〇〇人の女性がいた。一五〜二〇人に一人は女性のメイスンだった。

一九四〇年五月、ドイツ軍がフランス国境を越えた二日後、「人権」ロッジは最後の会合をして、敵の手で汚されるのを恐れて六月にすべての資料を燃やした。八月、秘密結社禁止法が出てグラントリアンとフランス・グランド・ロッジが解散させられ、すべての公務員は秘密結社に属していないとの宣誓を求められた。一万八〇〇〇人の名が公表され、三〇〇〇人が公職を追放された。元メイスンだったマルセル・ペルトンはヴィシィ政権の内務大臣になって秘密結社を殲滅しはじめた。一九四二年には神智学、グノーシス、旧カトリック、ブナイ・ブリス、ミックス・グランド・ロッジなどが潰された。グラントリアンの元幹部だったジャン・マミーは一九四三年にシャンゼリゼで公開されたアンチ・フリーメイスンのプロパガンダ映画『隠れた力』の制作に協力した。レジスタンスに身を投じたメイスンもいた。

自由フランス軍によるフランスの解放の後、フリーメイスンが戦前の数のレベルに戻るのに三〇年かかった。二一世紀はじめのフランスでは、一〇万人のメイスンのうち五人に一人が女性であるという。女性メイスンが批判や禁制やタブーの的になってきたとはいえ、男女混合ロッジはフランス独特のものとしてフェミニズムの一角をたしかに担ってきた。「牧師の妻」や「女性司祭」というかたちで宗教のなかにフェミニズムを浸透させていったアングロ・サクソン国とちがって、フランスのフリーメイスンは「フェミニズムの教会」という場を提供してきたのかもしれない。

（参考：*Comment la Franc-Maçonnerie vint aux femmes*, Gisèle et Yves Hivert-Messeca, Dervy, 1998）

第四章　アンチ・フリーメイスン

1 アンチ・フリーメイスン運動と国家

「民主主義度」のバロメーター

あるグループの本質を分析する時に有効な方法のひとつに、そのグループと敵対する動きに注目するやり方がある。この章ではさまざまな国でフリーメイスンが主流秩序から禁止、排除されてきた様子をくらべながら、逆にそれらの国の本音が透けてきたり近現代史の陰影がくっきり見えてきたりするかどうかを観察してみよう。

現在の世界では基本的にイスラム教を国教とする国にはナショナル・フリーメイスナリーは存在しない。ヴェトナム・中国など共産国にも存在しない。フリーメイスンが存在するのは近代的な意味での「民主主義国家」で、その意味ではフリーメイスンがあるかどうかはその国の「民主主義度」のバロメーターの一つだと言えるかもしれない。

例外はある。キューバだ。一八五九年にキューバ・グラントリアンが、一八八一年にキューバ・グランド・ロッジが設立されているが、独立建国の父と仰がれるホセ・マルティ（一八五三〜九五）がスペインでイニシエーションを受けたメイスンだったからだ（コラム⑤参照）。

宗教的、神学的な弾劾というのは稀であり、比較的新しい現象である。一九七八年七月一五日カイロのエル・アザハル大学のイスラム・カレッジでムスリムに対するイニシエーションの禁止というファトワ（イスラム法に基づく裁定）が発令された。普通は、国家レベルでのフリーメイスンの禁止は

「結社の自由」を認めない法律に依拠しているので「神学的」な弾劾ではない。

宗教が神学的な理由でフリーメイスンを認めないというケースはもちろん存在したが、それは現代においては積極的な差別や迫害、弾劾というかたちはとらない。

それでも、歴史的に見て、社会がフリーメイスンに否定的な強い偏見を持つことは少なくなかった。そこにはいろいろな要素がある。人びとが「秘密結社」全体に対して抱く恐れ、政治活動や経済活動において排他的な秘密のグループが利権をもって牛耳っているかもしれないという嫉妬、さらに「秘密を暴露すると喉を掻き切られる」という宣誓の持つ秘教的な怪しさを蒙昧とみなす侮蔑と警戒心などだ。

秘教的、古代的な蒙昧さが非難されるのは皮肉でもある。なぜなら、フリーメイスンはその「守護聖人」を使徒トマスだとするほどに、近代的な懐疑の精神を称揚しているからだ。イエスの十二使徒の一人であるトマスは、十字架上で死んだはずのイエスが復活して姿を見せた時に、ただひとり訝《いぶか》しがって、ほかの弟子たちが「わたしたちは主を見た」と言うと「あの方の手に釘の跡を見、この指を釘跡に入れてみなければ、また、この手をそのわき腹に入れてみなければ、わたしは決して信じない」（ヨハネによる福音書二〇―二五）と言った。啓蒙の世紀に生まれた近代フリーメイスンは蒙昧に対抗する実証的な精神を掲げアイデンティティの一部にしたのだ。

だからこそフランス革命を担った人びとの多くが「啓蒙の世紀」の申し子とも言えるフリーメイスンに属していた。フリーメイスンがフランス革命を「画策」したのではなく、フランス革命の理念が当時のフリーメイスンと親和性を持っていたということだ。それなのに、革命でフランスを追われたカトリックの司祭が「フリーメイスン」を主語にして「陰謀説」を広めて以来、フリーメイスンは、

「反革命」思想家やカトリック保守派の「敵」となってしまった。同時にそれが反ユダヤ主義と結びついたので、アンチ・フリーメイスン運動は、敵である「秘密結社」の秘密性とは不釣り合いなほど「公」の場所で声高に展開していった。

まずいくつかの国別の状況を見ていこう。（五十音順）

アメリカ

一七七五年からの独立戦争を担った自由主義者たちへの反動としてニューヨークに最初のアンチ・フリーメイスン政党ができたのは一八二六年だ。そのきっかけとなったのは、フリーメイスンを脱退してその秘密の暴露を出版しようとしたウィリアム・モーガンという元メイスンの失踪事件だ（第二章2節「アメリカ独立とフリーメイスン」八一頁参照）。フリーメイスンによって殺害されたという噂が広がり、被疑者の裁判も、フリーメイスンの判事や政治家、陪審員によって無罪になったと信じられた。フリーメイスンはエリートによる反民主主義的な陰謀組織だとしてアンチ・フリーメイスンの集会が開かれ政党結成にまで至ったのだ。この政党は十数年活動していたが、その後ホイッグ党（一八三三〜六〇）に吸収された。

イギリス

近代フリーメイスン発祥の国は最初にアンチ・フリーメイスンが現れた国でもある。一六九八年にフリーメイスンを、アンテ・クリストを礼拝する「悪魔のセクト」とした匿名のパンフレットが「ロンドンのすべての敬虔な人びと」のためと称して出回った。アンテ・クリストはローマ教皇に対しても使われていた言葉で、フリーメイスンは地下に潜った隠れカトリックとみなされていたことがうかがわれる。

一七二〇年代にはライオネル・ヴィバートが、フリーメイスンを酔っぱらいの団体、同性愛者の団体だと非難した。この頃、メイスンの前垂れやさまざまなシンボル・グッズをつけて戯画化したパロディの行進がロンドンでおこなわれた。一七二四年にフリーメイスンを嘲笑することだけを目的に創られたゴーモゴンズ（Gormogons）という結社が活動していたという証言が残っている。ゴーモゴンの語源は一九世紀初めの辞書によれば、六つの目、三つの口、四本の腕をもち、背中に人を乗せている八本脚の怪物ゴーモゴンだ。創設者はイギリス・グランド・ロッジのグランド・マスターを務めた後で組織と決別した政治家のオクスフォード伯フィリップ・フォートン（一六九八〜一七三一）だと言われている。フランス革命後には、バリュエル神父にインスパイアされたスコットランドの物理学者ジョン・ロビソン（一七三九〜一八〇五）がフランス革命のフリーメイスン陰謀論を展開した。代表作は『ヨーロッパのすべての宗教と政府に対する陰謀の証拠』（一〇八頁参照）というもので、諜報員の情報を基にしたと言ってフランス革命におけるフリーメイスンとバイエルン・イルミナティの陰謀を書いた。二〇世紀には女性ライターのネスタ・ウェブスター（一八七六〜一九六〇）が、フランス革命だけではなくロシア革命も第一次世界大戦もユダヤのカバラを使うオカルティストであるフリーメイスンの陰謀だとする陰謀論をロンドンの日刊紙上に連載した。極右反ユダヤ主義者のフランス人ジャーナリストで出版業者のアンリ・コストン（一九一〇〜二〇〇一）は、長い文筆生活を通してフリーメイスン、英国国教会、英王室間の三者同盟説を唱えた。

五人に一人の男性司法官がメイスンだと言われていて、裁判の案件によってはイギリス統一グランド・ロッジに司法官や警察関係のメンバーのリストの提出が求められることもあり、着任前の司法官がフリーメイスンの所属を申告することなど、メイスンの「監視」システムが実際に存在している。

イタリア

ムッソリーニのファシスト政権の時代には、一九二三年二月一三日にファシスト党員であることとフリーメイスンであることは両立しないという宣言がなされ、一九二五年五月一九日にはムッソリーニの提示したフリーメイスン取り締まりを想定したアソシエーション法が議会を通過した。全体主義国家ではフリーメイスンが迫害されるのが常である。第二次大戦後はアメリカ軍の影響を受けて復活したが、政府に届け出のない秘密結社は禁止され、政府の人間が秘密結社に属することも禁止されていた。

一八七七年にトリノで結成された名門ロッジであるイタリア・グラントリアンの「プロパガンダ・マッソニカ」もファシスト政権下で番号づけられて整理され、「プロパガンダ・ドゥーエ（P2）」と改称されたが活動停止状態だった。戦後に復活したが一九七〇年代にはグラントリアンから非公認の組織となった。一九八一年、ヴァティカンとかかわりの深い銀行の破産事件の調査でロッジP2のメンバー九六二名のリストが発見され、代議士や高位軍人、貴族、諜報員らの名が挙がり、政変をともなう一大スキャンダルとなった。リストの公開によって軍人の自殺、政治家の自殺未遂、諜報員の解雇、銀行家の辞職、多数のジャーナリストの追放が起こった。翌年さらにP2が憲法の書き換えや組合の廃止、メディアの統合、共産党の排除などを画策していた「民主的ルネサンス・プラン」なるものが発見され、ジャーナリストや銀行家の殺人事件、その他の汚職事件にも関係しているとされて

「国家の中の国家」、「影の政府」と呼ばれた。

このスキャンダルを受けて、司法官や士官はフリーメイスンに入会してはならないなどの新しい法律が生まれたが、メイスンであるイギリス海軍将校についての判例を理由にヨーロッパ人権法廷で退けられた。

フリーメイスンはカトリックの教義と両立しないというヴァティカンの公式見解にもかかわらず、イタリアのカトリック教条主義者（一九六三年の第二ヴァティカン公会議によるカトリックの近代化〔ラテン語でなく世俗のミサが可能、信教の自由を認めるなど〕を認めず分派した）たちがヴァティカン内部に巣食っているとするフリーメイスンを糾弾することもある。彼らは第二ヴァティカン公会議をはじめたヨハネ二三世や継続したパウロ六世が同じ日にパリでイニシエーションを受けたメイスンであったと断定して、カトリック教会をフリーメイスンの「陰謀から守るため」にさまざまな広報活動をしている。そのなかには、一九八六年に建立されたパウロ六世の銅像にフリーメイスンの幾何学的なシンボルが使われているという詳細な分析と糾弾まである。

パウロ六世の銅像

イラク

サダム・フセイン大統領とバアス党が一九八〇年に、フリーメイスンを含むシオニスト運動の広報と所属を禁止する条項を刑法に加えた。

イラン

パーレビ国王下の一九七八年に四三のロッジと一〇〇〇名以上のメンバーを擁していたイラン・グランド・ロッジはホメイニによる翌年のイスラム革命の後で消滅した。一九八七年にはメイスンの公的活動の禁止が法制化されている。

エジプト

一九五二年、革命によってファールーク国王が追われたエジプトにおいて、イギリスとフランスが権益を握っていたスエズ運河の国有化と並行して、英仏のロビーとなっていたフリーメイスンとナショナル・ロッジのあいだに軋轢が起こった。

一九六四年六月にはシオニストの拠点となるとされて禁止された（第三章4節「非キリスト教文化圏とフリーメイスン」一五一頁参照）。

オーストリア

フランス革命で処刑されたマリー＝アントワネットの甥にあたるオーストリア皇帝のフランツ一世は、対仏戦争を遂行したが敗れて一八〇一年にライン川左岸の領土を失った。同じ年に、フランス革命の理論的支柱とされたフリーメイスンを禁止した。

オランダ

カトリックのフロリイ枢機卿が一七三七年九月に最初にフリーメイスンを禁止する二年前に、プロテスタントのオラニエ公ウィレムをルーツとするオランダでは、フリーメイスンを含む結社が禁止された。ハンザ同盟のフランクフルトやジュネーヴ共和国、バーデンもこれにつづいている。これは初期のフリーメイスンが、神学上の理由ではなくセキュリティ上の理由から結社を嫌う政権に警戒されたことを意味していて、その求心力をうかがわせる。

カナダ

イエズス会のアンリ・ベルナールは二〇世紀初頭、カトリック教会が牛耳っていたフランス語圏のケベック州で、モントリオールの知的生活を脅かすふたつのものはアングロ・サクソン・プロテスタントとフリーメイスンだと言った。一九〇二年以来、フリーメイスンの教育者や医師が、学校教育に体育や保健のシステムを取り入れた。これらが、カトリックの伝統的な社会事業を脅かし公教育評議会から司教たちを締め出すものだとして、フリーメイスンが弾劾された。フランス革命前のフランスの都市部ではカトリックの修道会が孤児院、病院、福祉施設、学校などを運営していた。革命の後いったん修道会をすべて解散させた革命政府は、それらすべてを「公共の福祉」に置き換えたという経緯がある。カナダではそのような意識的な政策転換が起こらなかったために宗教系福祉と政府のあいだに軋轢が起こり、それがフリーメイスンというレッテルに集約したわけである。

一九三〇年代にはアドリアン・アルカンらファシストのグループや反ユダヤ主義の新聞が加わり、ルネ・ベルジュロンらによる陰謀論が展開された。

一方、カナダの英語圏ではウィリアム・ギイ・カー（一八九五〜一九五九）という海軍司令官が、国際ユダヤ金融家が世界征服のためにフリーメイスンや共産主義者を利用して歴史上の事件を操ってきたという論議を展開した。一九世紀末フランスのレオ・タクシルによるフリーメイスン偽書やアメリカの南北戦争の南軍軍人でメイスンのアルバート・パイクの証言を根拠にして、フリーメイスンは無神論者であり悪魔を崇拝しているとした。一見緻密な検証を重ねるかたちで編まれたこの陰謀論はユダヤ＝フリーメイスン陰謀論の古典のひとつとなり「闇の世界史」を暴露する本として二一世紀の日本においてすら出版され使いまわされつづけている。

スイス

一七四四年九月にジュネーヴのフリーメイスンが、翌年三月にベルンのフリーメイスンが禁止された。これは宗教的なものというより、秘密結社の登場に対するセキュリティ上の対策だと言える。

一九三七年一一月には、アルチュール・フォンジャラス大佐がフリーメイスン禁止法を国民投票にかけたが、六二パーセントの反対票で敗れた（カトリックが優勢なフリブールでのみ賛成票が多数を占めた）。フォンジャラス大佐は一九三三年にローマでスイス・ファシスト連合を結成し、アンチ・フリーメイスン運動を展開していた。彼は一九四一年に、ドイツに買収されたとしてスイス法廷で刑法上の有罪判決を受けているが、スイスのフリーメイスンの数は大戦中に半減したと言われる。これは主としてイデオロギー的なアンチ・フリーメイスン運動に属する。

二一世紀に入ってフリーメイスンと政治の癒着が糾弾されはじめた。

二〇〇三年にヴォー州政府の立候補者であったマルク＝エティエンヌ・ビュルデがフリーメイスン

の構造をマフィアと比較し、各ロッジが憲章を有する主権としてふるまうことが民主主義と相容れない、として憲法で対処することを提案した。二〇〇四年にはメイスンである政治家のリストが別の候補者によってウェブ上で公開された。キリスト教中道民主連合党（ＵＤＣ）のジュネーヴ書記長で議員だったエリック・ベルティナは、二〇〇三年フランスの週刊誌『エクスプレス』のインタビューに答えて、安楽死やドラッグの解禁、同性婚などへのフリーメイスンの影響を公に語り、党の叱責を受け、市政選挙で党が分裂するほどの騒ぎになった。ベルティナはフランスの極右政党である国民戦線とも親密だった過去があり、人工妊娠中絶法についてもアンチ・フリーメイスンの立場を表明していた。スイスはヨーロッパにおける中絶法先進国（一九四二）で、一九七四年のフランスの中絶法の採択はグラントリアンが自らの成果として掲げている。

二〇〇七年には司法の機能不全の被害者を支援する「人民への呼びかけ」という団体が、司法官や弁護士でフリーメイスンのメンバーである者のリストをインターネット上に流したことで訴えられ、名誉棄損の有罪判決を受けた。フランスのようにフリーメイスンが啓蒙主義の申し子で近代革命に役割を果たした国とはちがうスイスのフリーメイスンへの感受性を示す出来事である。

スウェーデン

一七三八年に政府による禁止法が発令されたことがある。

スペイン

フェリペ五世は一七四〇年に禁止令を出した。

近代以降では、一九二五年、ミゲル・プリモ・デ・リベラ将軍の軍事独裁政権（愛国党）が禁止した。リベラの死後、共和制となった後で左派連合によるスペイン人民戦線政府が一九三六年に成立すると、愛国党の流れを受けリベラの息子が立ち上げたファランヘ党が反乱を起こした。その時のファランヘ党の宣言は「同志よ、君たちの義務はユダヤ人、フリーメイスン、マルクス主義、分離主義を排除することだ。彼らの新聞、書物、雑誌、プロパガンダを破壊し燃やせ」というものだった。カナリア諸島のナショナリスト党のラオス将軍はアンチ・フリーメイスン条例を出した。スペイン内戦の初期は、フリーメイスンであるだけで大逆罪に相当するとみなされ、裁判なしに射殺された。一九三八年一二月、フランコ将軍は、スペイン国内のすべての墓地からフリーメイスンのシンボルやカトリック教会を脅かすものを二ヵ月以内に破壊し取り除くようにと命令した。内戦後の一九四一年、フリーメイスンと共産主義を取り締まる特別法廷を想定する取締法が採択され一九六三年まで有効だった。

セルビア

一九四一年一〇月、ベオグラードで「社会の悪であるユダヤ＝共産主義者の陰謀とユダヤ・フリーメイスンを暴く」ことを目的とした大規模なアンチ・フリーメイスン展覧会が、対独協力者らの手によって開催された。ベオグラード市が主催し記念切手が発行され八万人の入場者を集めた。

パレスティナ

一九八八年八月、イスラム原理主義組織ハマスはその活動プログラムのなかでフリーメイスンをイスラムの敵でユダヤ教と同盟関係にあると定義した。

フランス

フランスではフランス革命の時期までフリーメイスンと啓蒙思想、共和国主義が合致していて大きな禁制はなかった。アンチ・フリーメイスンが現れたのは一九世紀末からで、ドレフュス事件に見られるような反ユダヤ主義と軌を一にする。一八八四年にローマ法王レオ一三世が回勅のなかでフリーメイスン活動を弾劾し、フランスの保守反動カトリックがフリーメイスンは「回心させる対象」だとみなすようになった。レオ・タクシルという作家が、フリーメイスンを牡山羊の頭を持つバフォメットという偶像を崇拝する悪魔崇拝教団のように描写したことが、ブルジョワ層のアンチ・フリーメイスン感情を増幅した。極右勢力はユダヤ＝フリーメイスン陰謀説をくりかえした。

普仏戦争の敗北（一八七一）の後で極左勢力から議員となり内閣を率いるようになったアンリ・ブリソンへの批判も大きかった。グラントリアンが提唱した神学的禁欲的な道徳の代わりに人間的進歩的な道徳を説いたブリソンは、一八九九年の議会で手のひらを上にして手を交差して指を組み腕を上げて体をそらすという高位メイスンの姿勢をとって「寡婦の子どもたちよ（ソロモン神殿の建築家ヒラムの未亡人の子どもたちというのはメイスンの別称である）」と叫び、他のメイスン議員の連帯を呼びかけたと言われている。

ドレフュス事件の後で結成された王党派の愛国団体であるアクション・フランセーズは、国の利益を損なう四つのグループとしてユダヤ人、プロテスタント、フリーメイスン、在仏外国人を挙げた。二〇世紀初めにはコンブ内閣のルイ・アンドレ将軍がフリーメイスン所属のフランス軍士官を届け出るようロッジに命じて、そのリストが新聞に掲載されるスキャンダルが起こり、コンブ内閣は解散に追い込まれた。

一九三三年に、ユダヤ人銀行家スタヴィスキーによる大規模詐欺事件が起こり、時の内閣が関与しているとして辞職に追い込まれた。その後でアンチ・フリーメイスンの気運が高まり一九三五年にフリーメイスン禁止法が議会に提出されたが採択されていない。アンチ・フリーメイスン運動が頂点に達したのはドイツ占領下のヴィシィ政権においてである。ヴィシィ政権下の議員にもフリーメイスンが少なからずいたにもかかわらず、一九四〇年八月には秘密結社解散法が採択された。占領地域のロッジの建物や財産はドイツ軍に徴収された。一九四一年八月には諜報機関に調査されたフリーメイスンの名を公報に記載するという条例が出た。グラントリアンで五五〇名、グランド・ロッジで一一七名のメイスンが射殺されたり強制収容所に送られたりして死んだが、メイスンとしてではなくレジスタンス闘士としてであった。アンチ・フリーメイスンのプロパガンダが量産され、フランス・アンチ・フリーメイスン連合の主要メンバーなどは、占領が終わった後でゲシュタポの協力者として裁かれて射殺された。

二〇世紀後半は、一九八一年に社会党のミッテラン政権が誕生するなどグラントリアンは政策ロビーとして活躍した。アンチ・フリーメイスン側の活動も、ミッテラン政権下で建造されたルーヴルのピラミッドは税金を使ってメイスンのシンボルをちりばめているなどと言って非難するレベルに過ぎなかった。その他は、司法のレベルで、司法官はメイスンに入るべきではないという判断を示した検事が出たり、メイスンの裁判官による汚職などを批判する弁護士が出たりしている。二〇一二年に社会党がふたたび政権を取った時、内閣にもメイスンであることを隠していない者がいたが、脱税によって内閣を追われた予算担当大臣カユザックが司法の裁きを待たずにフリーメイスンのロッジから除名されるなど、自浄能力を誇示している。

ポルトガル

新国家体制というファシズム独裁体制を築いたアントニオ・サラザールは、一九二八年に財務大臣となった時にフリーメイスンは非合法であると宣言した。

ヨルダン

一九九九年七月、ヨルダン内務大臣のナエフ・アルカディは首都アンマンにおけるフリーメイスンの活動が判明した時に、ヨルダン国内でのすべてのフリーメイスン活動を禁じた。

ロシア

啓蒙思想の一環として帝政ロシアに広まっていたフリーメイスンは、アレクサンドル一世によって一八二一年に禁止された。

ロシア革命の際には、ケレンスキーら親西欧のブルジョワ型メイスンが活躍したがボリシェヴィキによって粛清された。一九二二年には政府の許可を得ないすべての結社活動が禁止され、フリーメイスンの解体が命じられた。トロツキーは第四回コミンテルンで、敵対する階級を統合して実力行使より寛容をめざすフランス型フリーメイスンのイデオロギーを批判した（第三章2節「フリーメイスンと東方正教」一三一頁参照）。

2　アンチ・フリーメイスン運動とは何か

宗教的なもの――カトリック教会の相対化への警告

これまで見てきたようにアンチ・フリーメイスンの運動は、国ごと、時代ごとに変遷している。批判のポイントは、大きく分けるとまず宗教的なもの、つぎに政治的なもの、最後にビジネスの世界と結びついたスキャンダルによるものとなる。

近代フリーメイスンの出発点であるアンダーソンの憲章では、フリーメイスンはすべての宗教（と言っても、一八世紀初めのヨーロッパで想定されるすべての宗教であるが）の信者にひらかれている。にもかかわらずフリーメイスンは当初から糾弾されてきた。カトリック教会にとっては、そもそもフリーメイスンがすべての宗教に開かれていること自体が宗教的な相対主義に陥るということで受け入れられなかった。フリーメイスンにとっては「(カトリック）教会のなかで啓示された神の真理への強固な合意が、人間が永遠なるものに向かうために多少なりとも可能で価値のある他の表現形態のなかでの、特別な表現形態をとる制度のひとつでしかなくなる」（Osservatore Romano, La documentation Catholique, 5 mai 1985)、つまりカトリック教会が相対化されてその他の宗教と並列されることが最大の問題であった。

最初の禁令はクレメンス一二世による一七三八年の回勅で、ベネディクト一四世は一七五一年の回勅で禁止をくりかえし、カトリック信者がフリーメイスンのなかで他の宗教と交わることで純粋な信仰が損なわれると警告している。二番目の回勅が必要とされたということは、最初の回勅が功を奏さなかったことの表れでもある。スペイン、ポルトガル、フランスのようなカトリック国でもフリーメイスンは広がった。フランスはガリア教会主義で、ローマ法王の回勅が効力を持つにはパリ議会による批准が必要であった。その批准がなされなかったので、フランスのカトリックは聖職者も含めてフリーメイスンに加われたし、修道会規模でフリーメイスンと共存したケースもある。そして実際に、フリーメイスンのロッジを通して啓蒙思想家たちが貴族もリベルタンも聖職者も区別なく人権思想や民主主義などについて自由に話し合い、それがフランス革命の理論的ベースのひとつとなったのだから、回勅はフリーメイスンが近代革命と反教権主義に結びついていくことを正しく予測していたと言えるだろう。

レオ一三世による一八八四年の禁止は宗教相対主義だけではなく、当時流布された「フリーメイスン＝悪魔崇拝《サタン》」の影響を受けてフリーメイスンの活動そのものを弾劾している。一九一七年の教会法ではフリーメイスンに所属する者の破門（聖体拝領ができない）が明言されている。

一九六〇年代に第二ヴァティカン公会議を招集したヨハネ二三世はフリーメイスンとの敵対関係を和らげようとしたとされ、一九八三年に改定された教会法では秘密結社が禁止されるがフリーメイスンの名指しは消えた。しかしベネディクト一六世は教理省長官として一九八三年に、教皇として二〇〇七年にフリーメイスンを排除している。

プロテスタントでも、フリー・メソジスト教会のように一八七〇年にすでに信者がフリーメイスンの影響を受け過ぎているとして禁止しているものがある。アメリカの原理主義的な洗礼派のサザン・バプテスト・コンヴェンションも、信仰とフリーメイスンの所属とが両立しないという見解を出した。

イスラム世界では公式の禁止ファトワは、カイロのエル・アザハル大学のイスラム・カレッジが出した一九七八年七月一五日のものがあるが、モロッコ、トルコ、アルジェリアなどの国ではこのファトワを反映した法はない。

政治的弾圧——王政・共産国・ナチス

フリーメイスンはカトリック政党、極右政党、反ユダヤ主義政党、反議会主義政党、共産党、アンチ・フリーメイスン主義の名を冠する政党、全体主義政権などによって歴史的に何度も弾劾された。陰謀論と結びついたものもある。またフランスやベルギーのように、フリーメイスンが政教分離法や人工妊娠中絶法などの成立に積極的に関与してきた国においては、その法律に反対する政党から批判されることになる。

歴史的に主な政治的弾圧は王政によるもの、共産国によるもの、ナチスによるものがある。一七四〇年のスペイン、一七四四年のポルトガルの王による禁止は宗教的な色彩が強いが、一九世紀スペインの禁止はフリーメイスンが南アメリカ植民地の独立を支援したことに対する政治的なものだった。

共産国については一九二〇年からフリーメイスンがブルジョワと結びついているとして弾劾された。しかしフランスのような国ではトロツキーの「世界革命論」に賛同する共産党員にもフリーメイスンのメンバーがいた。トロツキーはフランスのフリーメイスンを、フランス共産党の傷であり熱した鏝《こて》で焼かねばならないと形容して排除を要求した。

ナチスの時代には、一九三三年に七万人を数えたドイツの六〇〇のロッジは、一九三五年八月までにすべて閉鎖された。レジスタンスのメンバーやユダヤ人である場合を別としてメイスンだけを理由に収容所に送られた者は少ないと見られている。ベルギーのエステルヴェーゲン収容所では「親愛なる自由（ドイツの政治犯のあいだで愛唱された歌の歌詞からとられた）」というロッジが創設されて一年間つづいた。一九四三年一一月にレジスタンス活動のせいで収容所に送られた七人のフリーメイスン（判事や医師、軍人、ジャーナリスト、大学教授など）は同じロッジの出身者ではないが収容所内でロッジを創った。戦後を生き延びたのは二人だけだったが、このロッジでイニシエーションを受けたメンバーのなかには一九九七年まで生存した者がいて証言を残している。収容所では日曜の朝、囚人である二人のカトリック司祭が宿舎の奥でミサを挙げ、別の場所でフリーメイスンたちが集会を開き、カトリックでもメイスンでもない囚人が見張りをした。メイスンの集まりは簡略化したもので、継承のためにすべての典礼が説明された。集会のテーマは「宇宙の大建築家」のシンボル、ベルギーの未来、フリーメイスンにおける女性の立場についてであり、一九四四年春の収容所移転までつづいたという。

二〇〇四年一一月、収容所跡にドイツとベルギーのフリーメイスンの記念碑が建てられ、「人権」連合のグランド・マスターが挨拶した。

スキャンダル批判

フリーメイスンのなかでもメンバーの利益を優先するソーシャル・ネットワーク化したロッジにおいては、しばしば汚職や談合、陰謀が暴露されてスキャンダルになることがある。イタリアのＰ２スキャンダル（前述）やフランスの軍隊内のフリーメイスン所属者リストの漏洩（前述）などの事件のたびに社会にはアンチ・フリーメイスンの気運が高まった。フリーメイスン側ではそれらのスキャンダルが各地区の単位であるロッジにおけるメンバー個人の不祥事であるとして、除名によって対応することがほとんどだが、スキャンダルを煽る「秘密性」の体質自体を変えようという動きもある。二〇〇〇年の「日曜新聞」で、フランス・グランド・ロッジの広報担当官ジャン＝ピエール・ピロルジュは、「クリーンな前垂れオペレーション」を開始したこと、一九九九年に七一名を除名、二〇〇〇年に入ってからも毎朝一時間各種の新聞に目を通して毎月三名のペースで除名していると証言した。グラントリアンは、ロッジでも「推定無罪」の原則は採用しているので除名せず、まず資格停止処分にすると言っている。フリーメイスンにおけるスキャンダルは「普遍主義」の建前と「共同体主義」の内実の矛盾に関わるという点でフリーメイスン批判に根拠を与える最も深刻なものなのかもしれない。

コラム⑤　キューバのフリーメイスン

キューバのビニャーレスにあるフリーメイスン会堂の外側に、ホセ・マルティ（一八五三〜九五）の言葉が刻まれている。

「メイスン運動とは自由についての思想を実行に移すものに他ならない。非難されることのないやり方で働き、自由の行使に改良を尽くし、市民を公的な生活に導き、すべての高貴な理念の実現を支援すること、これらが、匿名でも隠蔽でもないフリーメイスンの秘密である。

メイスン運動には知性と名誉以外の秘密はない。不健全な情熱という重荷を棄てて参画してその中で非の打ちどころのないやり方で活動するよう努力するのだ」

世界のほぼすべての「社会主義国」や独裁政権の国ではフリーメイスンが禁止されているのに、社会主義国キューバで一度も禁止されなかった理由はこのホセ・マルティの姿勢によって説明できるだろう。このことは、西欧の帝国主義と共に中南米に渡ってきたフリーメイスンには二つのタイプがあったことをよく示している。

近代フリーメイスンはもともと一八世紀のプロテスタント国イギリスで生まれているが、スペインやフランスのようなカトリック国にも広がった。これらの国が「植民地」に進出するにつれて、フリーメイスンも移植されたのでそこには最初から大きな二つの流れがあった。

ひとつは、「新天地」、新しい市場での利権を求めてフリーメイスンのネットワークを利用しようという動きだ。けれどもそれとは別の流れとして、フリーメイスンの理念である「自由、平等、兄弟愛」の普遍主義をかかげて新天地で戦ったメイスンたちがいた。彼らが戦うべき敵だとみなしたのは、西洋列強が利益を追求する植民地システムそのものや奴隷制などだった。

もちろん、すべてがその二つのうちのどちらかに分けられるというわけではない。アメリカの独立戦争には「自由」を求めるフリーメイスンが大きな役割を果たしたが、それは先住民との共生や奴隷制の廃止とはすぐにつながらず、初期開拓者の利権を守るロビーに発展するなど複合的な展開をした。独立戦争においては、フランス革命直前の啓蒙的なフランスのフリーメイスンが協力したがその後は別の道を歩んだ（第二章2節「アメリカ独立戦争とフリーメイスン」参照）。

アメリカと同様に、キューバでも最初のフリーメイスンの伝達者は初期の植民者たちだった。一六六一年にスペインの植民者がイギリス人と奴隷貿易の一部をシェアした時にフリーメイスンも入ったと思われるが、イギリスはまもなくキューバから出ていった。一七六二年にイギリスがハバナを占領した翌年にグランド・マイスター（アレキサンダー・コクバーン）の認定書が残されている。一七七一年にハイチの独立戦争から逃れてきたフランス人が四つのロッジを作ったが、まもなくルイジアナへ移された。

その後スペインによる統治がつづき、カトリック教会によるフリーメイスンの禁令に従って一八一二年にフリーメイスンは国家反逆罪にあたる活動とされて地下に潜ったが、一八一八年に立憲制が確立されてスペイン・グラントリアンなどが設立された。各派はスペインからの独立をめぐって対立し、「陰謀論」者によって訴追されるグループも出てきた。その後一八三四年にふたたび禁止されたが一八六〇年代に復活する。この時のキューバ・グラントリアンは、民衆の主権、国家の主権、労働と信教の自由、社会平等と集会の権利のためには武器を取って戦うことも辞さないと若いキューバ人を鼓舞している。それに対してアメリカ合衆国のフリーメイスン最高会議は正式の認可がないとしてこれらの支部を非合法だとした。しかし彼らのなかから出てきたカルロス・マニュエル・デ・セスペデス（一八一九〜七四）は自分の所有奴隷を解放し、一八六八年からはじまる独立戦争の先頭に立った。「ブエナ・フェ」ロッジの創設者でありマイスターでキューバ共和国大統領も数年務めたものの、失脚した後でスペイン軍に殺された。けれども結局共和国はつづかず、革命を支持したメイスンたちは処刑された。すでに殺されていたセスペデスさえも、メイスンであったという罪によって一一年の禁固刑を宣告された。

一八九五年に最後の独立戦争をはじめたのが「キューバの魂」と呼ばれるホセ・マルティだ。マルティは一八七一年にマドリードのグラントリアンのロッジでイニシエーションを受けた。このロッジはキューバの独立派の巣窟として知られていたので表向きは閉鎖され地下活動を余儀なくされていたが、「言葉と出版によって個人の権利と義務について人びとを教育する」ために貧しいスペイン人を女性も含め無料指導し、奴隷制に反対していた。キューバのサンティアゴ・デ・クーバにあるセスペデス広場には台座に定規とコンパスのメイスンのシンボルがあしらわれたマルティの像が立ち、二人の建国の士の共通点を暗示している。

一八九五年に戦死したマルティらの犠牲的戦いにより、キューバはスペインからの独立を勝ち取りつつあったが、アメリカが介入してスペイン軍を駆逐した。一九〇二年にキューバが独立を宣言した後も、グアンタナモに軍事基地を置くアメリカの保護国のような状態に置かれた。その後、アメリカやマフィアの利権を守る独裁政権に抵抗して多くのメイスンが命を落とした。汚職とマフィアが横行する時代にメイスンの理想を維持し伝えるのは困難をきわめたが、一九三六年に一四歳から二一歳を対象にした「兄弟愛を期待する青年同盟（ＡＪＥＦ）」が結成され（その後国際的に広がり今はアメリカ、メキシコ、チリにも存在する）革命の理念を養った。

フィデル・カストロやチェ・ゲバラがゲリラ戦争によってアメリカの傀儡政権を追いやって社会主義革命に成功したのは一九五九年のことだ。その後も冷戦時代にソ連と同盟し、冷戦後も社会主義体制を維持したものの、ソ連や他の社会主義国とはちがって、キューバがフリーメイスンを禁ずることは一度もなかった。革命の後はフリーメイスンの財産や会堂のうち奢侈《しゃし》なものは政府に没収され、平等と兄弟愛を志向するメイスンは貧しい人びととの分かち合いに満足したが、一部のメイスンはマイアミなどに移住した。革命政権は自由のために命を捧げたメイスンに敬意を表し、メイスンを処罰の対象にすることはなかった。

現在キューバで最も有力なロッジはイギリス由来のラ・グラン・ロジア(一八八一年創設で三一六のロッジを有し、三万人近いメンバーがいて唯一公式サイトを持つ)で、聖書に手を置いての宣誓(他の会派は白紙のノートの上で宣誓する)が続いている。マイアミなどに移住したキューバ移民のメイスンとキューバ本国のメイスンとのあいだには確執が存在する。二〇〇〇人以上のメンバーを有する「アカシアの娘」という女性メイスナリーもあるがグラン・ロジアからは公認されていない。男女混在の国際会派である「人権」ロッジは存在しない。ホセ・マルティの属していたグラントリアンの会派は、今はポルトガルにのみ残っている。

第五章

政教分離《ライシテ》とフリーメイスン

1　聖なるものへの冒瀆

『シャルリー・エブド』事件

二〇一五年の初頭、フランスの風刺週刊新聞『シャルリー・エブド』の編集部が武装テロリストに襲撃されて風刺画家ら一二人が惨殺された事件は、フランスの共和国原理における「表現の自由」を犯すものだとしてフランス史最大の抗議のデモ行進を誘発した。ところが、国際的な注目の的となった次の号の第一面に、そもそもテロの理由となったイスラムの預言者ムハンマドが描かれたので、イスラム教文化圏の国々で過激な抗議行動が巻き起こった。アフリカや中東ではキリスト教の教会が襲われて大きな被害を出した。中近東のキリスト教はキリスト教がヨーロッパに広がるより前の伝統的な宗教であるのに、「キリスト教＝欧米文化」という図式がどこかにあるらしい。それは日本でも往々にして見られることで、「不寛容な一神教同士が戦う」とか「西洋キリスト教とイスラム教の文明の衝突」などと言われる。

実際は歴史的、政治的、軍事的、経済的ないろいろな要素が入り組んでいるので状況は単純ではない。けれども「宗教への冒瀆」という視点に限ってみれば、キリスト教の持つ独自性とフランスの歴史の持つ独自性とが、状況を読み解くひとつのヒントを与えてくれる。それはフリーメイスンの成立とフランスでの展開と無縁ではない。

皮肉なことに、現代の「近代民主主義国家」がテロリストなどの暴力行為を弾劾する時に、ヨーロッパのキリスト教の歴史のなかで起こった十字軍や異端審問、植民地での先住民虐殺などの「不寛容」の黒歴史が必ず引き合いに出される。非キリスト教文化圏の国ではその歴史に因果関係を求めて、現在のイスラム過激派対キリスト教文化圏の「戦争」を「一神教同士の戦い」などと落とし込むわけだ。じつはこのような「不寛容で蒙昧なキリスト教」の断罪は、キリスト教文化圏の内部で近代を通して刷り込まれてきたものである。

第一に、巨大な権力を持つ利益団体となったカトリック教会に対抗する一六世紀以来のプロテスタント諸派による「英米型」の断罪であり、つぎに、カトリック教会を追放または管理することで「近代化」を成し遂げた無神論的イデオロギーの「フランス型」の断罪だ。

すなわち近代以降の欧米諸国はいずれも十字軍や異端審問を中心とした「ローマ・カトリック史」を断罪することを政治的プロパガンダの中心に置いた。当然、近代以降の帝国主義によるグローバリゼーションの過程で非キリスト教文化圏の人びとの耳に届いたのは、キリスト教文化圏からの自虐的ともいえるカトリック教会の中世的不寛容の歴史だった。しかし、いくら無神論型フランスや反カトリックのプロテスタント型英米などがカトリック批判をしても、非キリスト教文化圏の人びとにとっては、いずれも「キリスト教」に違いはない。近代欧米諸国の覇権主義、独善主義、帝国主義の横暴を前にして、彼ら自身が糾弾する「カトリックの覇権主義と独善主義の歴史」をそのまま重ねて、非キリスト教文化圏の人びとが「欧米＝キリスト教＝十字軍＝独善主義」という図式を立ててしまったのも当然の帰結であった。

ところが、「欧米」の側はそれに気づかない。アメリカは自分たちが宗教弾圧から逃げて来て自由の国、神の国を打ち立てた模範だと自認しているし、フランスはフランスで自分たちは古いカトリック教会を倒し、宗教の蒙昧から目覚め、卒業して自由平等の非宗教的人道的社会を築いたと思っているからだ。彼らは非キリスト教文化圏の人びとから自分たちが悪しき歴史を残したと自ら弾劾している「キリスト教」としてひとくくりにされていることを自覚しない。だからといって、非キリスト教文化圏の人びとが一方的に「誤解」しているわけではない。実際のところ、欧米が「カトリック教会」を否定することで達成したと唱える自由、平等や民主主義の概念は、彼らが認めようとしないキリスト教のルーツから出ているからである。それは権力と結びついてその道具と化してきたキリスト教とは別のところにある。人間の犯してきた罪はいつも人間のもので宗教そのものではないということだ。

実際、不寛容な全体主義的な蛮行と宗教との間に直接の関係がないことは、宗教を弾圧する一党独裁の政治を行う「共産主義国」で不寛容や人命軽視がくりかえされるのを見るだけで明らかだ。権威と権力が結びつく場所では弱者の生殺与奪の権利を持つ独善主義や覇権主義が生まれる。テロリストでなくとも権力者の意志ひとつで人びとが問答無用に命を奪われてきた歴史がある。

宗教価値観と普遍価値

「欧米の価値観＝キリスト教の押しつけ」とみなす非キリスト教文化圏の見方は、価値観のルーツ的にはまちがっていない。その価値観を裏切る蛮行を重ねてきた歴史をリセットするために近代の欧米諸国はカトリックに罪をすべてかぶせて、「真のキリスト教」や「人間中心主義」を掲げてきたわけだ。しかし、その過程で、その価値観をキリスト教ルーツから切り離したので、その欺瞞が肥大することになった。特に、「新大陸」において「神の国」の建設を地理的にスタートできたアメリカとちがって、ヨーロッパの国々は文化と一体化したカトリックやキリスト教一般の伝統や心性から逃れることはできない。フランスではカトリックの修道会系の私立学校を出た後で「無神論者」「不可知論者」と自称して「公的空間の非宗教性」を守るエリート政治家たちが今でも主流派を占めているという矛盾があるのに、彼ら自身がそれに気づいていないのだ。

しかし、アメリカにおいてもフランスにおいても、キリスト教ルーツの価値観を既存の政治から切り離して「普遍価値」として復権させることが「近代革命」（アメリカ独立戦争とフランス革命）の原動力となった。それを体現していたのがフリーメイスンだということはすでに見てきたとおりである。

独立した後のアメリカではそのピューリタン的心性がフリーメイスン自体の性格を変えてしまった。宗教は地域の教会共同体が担当で、フリーメイスンは社交《コネ》と慈善のクラブという棲み分けが起こったのだ。

フランスでは、革命後の九〇年間以上、恐怖政治や帝政や王政が何度もくりかえされたのでフリーメイスンも浮沈をくりかえし、一九世紀末になってようやく「フランス革命」をルーツだと確認することに合意する第三共和政に至り、フリーメイスンも本来のかたち（宗派の争いを超越する理神論）に戻った。さらに共和国の政治活動のなかで、キリスト教ルーツを容認しない無神論的なかたちへと変わっていったのである。

そのせいで、「聖なるもの」への冒瀆がアメリカでは今も宗教共同体と直接の関係があるのに対して、宗教を「卒業した（と多くの人が思い込んでいる）」フランスにおいては、寛大に看過されてきたのである。主に旧植民地を経由してフランス国内にやってきたムスリムの共同体が社会的に大きな意味をもってくるということなど「普通」のフランス人には思いもよらないことであった。

そのうえ、ヨーロッパの中ほどにあり、先住のケルト民族に加えてラテン民族の北進、ゲルマン民族の移動が重なって早くから民族の混淆があったフランスでは、宗教にしろ支配体制にしろ「権威」を批判したり揶揄したりすることを許す空気が存在していた。

「風刺新聞」の歴史

一二〜一三世紀から口承も含めて風刺文学の伝統があり、ルネサンス期のフランソワ・ラブレーのようなブルジョワ出身で修道士、医師でもあった知識人による宗教風刺の文学（『ガルガンチュワとパンタグリュエル物語』一五三二〜三四）は、禁書指定にされた過去を経て、今も読みつづけられている。一七世紀の寓話作家ラ・フォンテーヌは挑発的な言葉で時の絶対王政を批判した。一八世紀の「啓蒙の時代」にはモンテスキュー、ヴォルテール、ディドロらの自由思想家が、王の管理下にあったカトリック教会や旧体制を批判し、バスティーユ監獄に収監される者や国外に亡命する者も出た。やがてフランス革命が起こり、王侯貴族や聖職者は殺されたり追放されたりしたが、今度は反対に「新政権」を批判する政治新聞やポスターが発行された。新政権はこれらの作者たちを弾圧する側にまわった。

その後、ナポレオンの時代と王政復古や新たな革命など激動の一九世紀になってはじめて複数の風刺新聞が自由に発行されるようになった。思えば近代市民革命が独裁恐怖を経てコルシカ島の田舎貴族出身のナポレオン・ボナパルトによる軍事政権の帝国（一八〇四）となり、さらにルイ一八世を掲げた王政復古（一八一四）、七月革命（一八三〇）を経て進歩的なルイ・フィリップが「フランスの王」ではなく「フランス人民の王」となるも、二月革命（一八四八）でふたたび共和政に戻り、さらにナポレオン三世が第二帝政をはじめるなど、目まぐるしい政権の変化はそれ自体が充分カリカチュラルなものだった。権威や聖なるものに対する意識は相対化していく。市民の意識を代弁するかのように風刺メディアが最盛期を迎えた。『ラ・シルエット』、『ル・コルセール』、『ラ・グラヌーズ』、『ラ・カリカチュール』、『シャリヴァリ』などはいずれも共和主義新聞だったので、王政に批判的だった。一八二六年創刊で今もつづく正統的な日刊紙『ル・フィガロ』も元は風刺新聞で、オペラ『フィガロの結婚』（原作はボーマルシェの戯曲で貴族を風刺したもの）で有名な「批判する自由なきところに、称賛の価値なし」というフィガロの言葉をスローガンにしていた。七月王政のルイ・フィリップは、立憲王政の共和派に擁立されていたとはいえ、旧体制の王党派からは正統性を疑われ、左右両派の板挟みとなっていた。一八三二年創刊の最右翼の風刺誌『シャリヴァリ』は王や貴族やブルジョワジーを過激なまでに嘲笑した。当然何度も訴えられて膨大な罰金を払わされている。フランス最後の国王の後の第二共和政の大統領ルイ・ナポレオンがナポレオン三世として帝政を復活した時（一八五二〜七〇）は言論の自由を規制しようとしたが、『シャリヴァリ』は生き延びて一九三七年まで存続した。

『ラ・カリカチュール』紙より。梨に変身するルイ・フィリップ

　フランスの「表現の自由」はこのような歴史の

「痛み」とともにようやく堅固な基盤を確立したそれ自体が「聖なるもの」なのだ。だからこそ、たとえ何かが「聖なるもの」と認定されていても、それを汚す「冒瀆」の罪は決して「人の命より重いものとはならない」という認識も同時に根づいた。

「冒瀆罪」で処刑された最後の青年

フランスで宗教への「冒瀆罪」で最後に処刑されたのは、一七六五年にパリの北方ピカルディ地方のアブヴィルで橋の十字架を切りつけ墓地の十字架にゴミを捨てたとされた貴族の青年ド・ラ・バールだ。一七四五年に生まれた名門貴族の青年は母を亡くし父が破産した後で女子修道院長である親戚のいるアブヴィルに居を構えた。絶対王政への抗議が高まっていた時代で、『百科全書』やヴォルテールの著作が発禁処分になっていた。宗教的には悲観的で禁欲的なジャンセニスムが異端宣告されてフランスのカトリック教会の国教会化が進んだ時代だ。貴族階級、知識階級、高位聖職者たちは、表向きはカトリックの伝統を守りつつもリベラルな理神論へと傾いていた。

アブヴィルの市長は行政の他に警察権、司法権、市における王の軍隊の統率権も有していた。冒瀆事件が起こったのは一七六五年の八月九日の朝だった。橋と墓地の十字架像が切りつけられたり汚されたりしていたのだ。教会で証人喚問がおこなわれ、アミアンの司教が犯人は極刑に値すると述べたが同時に神の慈悲を請い、後には王に恩赦を求める側へと立場を変えた。容疑者とされたのは日頃から挑発的な言動で知られていた青年のグループで、ド・ラ・バールの他に、彼の仲間であった若い貴族たち、前市長の息子や士官の息子もいた。挑発的な言動というのはみだらな歌を歌ったり、聖体行列の際に帽子を脱がないで二五歩歩いたりといったものだ。他の名士の息子たちは親の計らいで身を隠したりプロイセンに亡命したりした。結局親のいないド・ラ・バールのみが、十字架を切りつけたという目撃証人などがないままに逮捕されて、ヴォルテールの著作『哲学辞典』などを自宅から押収された。

ド・ラ・バールは容疑を否認し、アブヴィルの修道院長や、イエズス会派であった親類からも弁護されたにもかかわらず、一七六六年二月、アブヴィルの法廷で「不信心、冒瀆、瀆聖」の罪により、罰金、ひざの骨を折られる拷問の後、舌を抜かれて斬首され、遺体を焼かれるという極刑の判決が下された。ド・ラ・バールは控訴し、法廷はパリに移されたが、判事二五人中一五人がアブヴィルの判決を支持した結果、判決はくつがえらなかった。

絶対王政下の聖なるもの

これは異例のことだった。フランスでは、宗教戦争を終結させてプロテスタントからカトリックに改宗し一五九四年に王位についてブルボン朝を開いたアンリ四世が、一五九八年の「ナントの勅令」によって信仰の自由を確立していた。信教の如何にかかわらず人びとは市民として平等の権利と義務を保証されたのである（プロテスタントの礼拝も一定の条件下で許され、ラ・ロシェルなどの武装都市が開放地区として残された）。

その当時としては画期的な「信教の自由」の背景にはもちろん政治的判断があった。フランスは巨大なハプスブルク家が君臨するスペインとドイツに囲まれた孤島のような立場にあったので、神聖ローマ帝国としてのドイツが分裂してハプスブルク家（カトリック）が弱体化することを望んでいたのだ。それにはプロテスタント地域とも連携する必要があった。

結局、宗教戦争の震源地でもあったドイツは、三十年戦争の後のウェストファリア条約（一六四八）により、カトリックとプロテスタントに分かれた領邦国家群が分立することになった。領邦国家の首長が選んだ宗教が「公教」となり、他宗派の領民は自分の宗派を公教とする国に移動した。こうしてカトリックとプロテスタントが互いを異端として殺し合った争いが一応終結した後の一六六一年に王として親政を開始したルイ一四世は、絶対王政の基盤を固め、宗教の名による殺戮を過去のものにできると判断して一六六六年に「冒瀆罪を死罪にしない」と宣言した。一方でオランダやスペインに対する侵略戦争を開始し、王権神授説を根拠にする絶対王政が安定した時点でプロテスタントの弾圧をはじめて、一六八五年にはナントの勅令を廃止している。しかしそれはもはや異端や冒瀆をめぐっての神学論争ではない。絶対王政による全体主義であった。

絶対王政下の「聖なるもの」は神から授けられた権威を持つ「王」なのであり、「王」を冒瀆することが最大の罪であった。「神」や「教会」や聖職者やそのシンボルを「冒瀆」することがもはや死罪に値しないとされたのは、相対的に「王」が神に取って代わった優越を確認させるものでもあっただろう。しかしルイ一四世につづいたルイ一五世（在位一七一五〜七四）は、前国王の曾孫でしかない少年だった。自分の「聖性」を演出するような必要も意識も持ち合わせていない。ローマ教皇の回勅を国内で承認しない権利のあるガリア教会主義の空気のなかで、王侯貴族や聖職者たちのあいだにさえ、理神論的なフリーメイスンがあっというまに広がった。

そんな時に起こったのが一七五七年のダミアン事件である。議会と王が対立していた時代に議会の側についたロベール＝フランソワ・ダミアンがヴェルサイユ宮殿内でルイ一五世を両刃の剣で切りつけた。肋骨を切りつけられた王は「とらえろ、しかし殺すな！」と叫んだと言われる。「王殺し」の罪は四肢を裂かれる残酷刑で当時それを執行した経験のある者は誰もいなかった。ルイ一五世が恩赦の意思を表明したのにもかかわらず残虐な刑は執行された。

ルイ一五世が、その九年後に、カトリック教会聖職者によるド・ラ・バールへの命乞いを斥けたのは、「王殺し」に対する処刑さえ救えなかった自分が「神」への冒瀆罪に恩赦を下すことなどできない、と判断したからであった。さらに、神より王権を授かった聖なる王なのにリベルタンとしてふるまい「よきカトリック」とは言えない自分の素行に対する批判をかわすためにも、「冒瀆罪」を恩赦することはためらわれたのだろう。

ド・ラ・バールはアブヴィルに戻されて、一七六六年七月一日に拷問されたが「共犯者」の名は出さなかった。公開の場所に引き立てられ、斧で首を切られて、ヴォルテールの著作とともに焼かれた。この事件は人びとに大きなショックを与え、七月三〇日には「冒瀆罪」について以後死罪は適用しないという旨があらためて宣告された。

ド・ラ・バールの事件は冒瀆罪が啓蒙の世紀の人びとの意識のうえではすでに極刑相当の罪だとみなされていなかったことを物語っている。他の「共犯者」たちの捜査も中止された。三年後に改訂された『哲学辞典』（初版は一七六四年）の「拷問」の項目でヴォルテールはド・ラ・バールを殉教者であるとした。

「宗教行為をする自由」を保証する手段

二三年後に起こったフランス革命の人権宣言では冒瀆罪そのものが消滅し、一七九三年には革命政府がド・ラ・バールを「復権」した。ダミアンやド・ラ・バールを断罪した法官のなかにも当時の

「サロンとしてのフリーメイスン」のメンバーがいたことは想像に難くはない。しかし、アメリカ独立戦争への連帯やフランス革命を通して既成宗教を否定して「非宗教的」共和国を標榜した革命政府においては、フリーメイスンが独自の宗教性とともに養ってきた「自由、平等、兄弟愛」が次第にイデオロギーとして表舞台に登場することになっていった。

といっても、建前としての自由や寛容の普遍主義とはほど遠く、革命政府は貴族や聖職者たちを追放したり殺したりするばかりか言論の自由も封じた。その後、紆余曲折を経て、「風刺新聞」が存在できるまでに社会が成熟した時、ようやく、権威と権力を切り離すことで信教の自由を守る政教分離《ライシテ》の概念が神学者たちによって練り上げられた。「政教分離《ライシテ》」はよく言われるような単なる政教分離でもなければ、公共の場での宗教を否定して私的空間に追いやるものでもない。一〇〇〇年にもわたるローマ・カトリック教会との緊密な政治・外交関係の後で「脱宗教」の人間中心主義こそ近代の普遍価値であると考えた共和国原理主義者たちのもとで、文化の血肉となったキリスト教信仰を存続させようとした人びとがようやく編み上げた「宗教行為をする自由」を保証する手段だったのだ。

ただしその政教分離《ライシテ》の導入がもし既成の教会のなかからだけ出てきたものであったなら、その実現は難しかっただろう。共産主義政権の国のように、伝統宗教を全否定してしまう方針の方がずっと簡単だからだ。実際、一八七〇年の第三共和政以来、それまでのようにカトリック教会などではなく直接「神」に宣戦布告するタイプの無神論者たちが現れた。ギュスターヴ・ルフランは、「敵は神である。知恵の始まりは、六〇〇〇年来哀れな人間たちを愚弄し支配してきた途方もない虚偽である神を憎むことである」(『実践無神論』)と述べた。彼らにとって啓蒙の世紀以来の理神論や有神論(教会は否定するが神は否定しない)は妥協でしかなかった。

宗教と無神論者が平等に共存できる空間

　カトリックとプロテスタントの対立などはすでに過去の遺物となり、無神論対有神論の対立がめだつようになっていた。理神論や有神論は、ヨーロッパ史のなかでは宗教感情を温存しながら既成宗教の縛りからは解放されるという過渡的なもので無神論を準備したものではあるけれど、科学主義と進歩主義への自信が最高潮に達した一九世紀末には「無神論原理主義」とも言うべきイデオロギーが登場したのである。

　その動きは、これまで有神論的であったフリーメイスンの内部をも揺るがせた。「無神論者や非宗教的自由論者とは違って高いモラルに従う」と自認していたフリーメイスンは、聖堂建設にまつわる伝説とともに宗教的な多くのシンボルをちりばめている。「宇宙の大建築家（ＧＡＤＬＵ）」への信仰告白はフリーメイスンのイニシエーションの大切なファクターだったけれど、すでに「人格神」のイメージから宇宙の調和のシンボルとなってモラルとは切り離されて考えられるようになっていた。さらに「無神論」イデオロギーを持つ「兄弟」と「共和国」の価値観を掲げて共存するにはＧＡＤＬＵを憲章から削除すべきだという運動がはじまった。一八七七年にフランス最大のグラントリアン・グループからその言葉が消えた。それによって、ロッジの内部は「宗教（その時点ではキリスト教しか想定されていなかった）と無神論者が平等に共存できる」空間となったのである。フリーメイスンのなかでの「信教の自由」の実現としての政教分離《ライシテ》こそが、共和国の政教分離《ライシテ》の布石となったのだ。政教分離《ライシテ》がキリスト教神学者たちだけの理論的枠組みであったなら、共和国の根幹に据えられる実効あるものにはならなかっただろう。

何が聖なるものか

政教分離《ライシテ》における「宗教の冒瀆」とは、だから「死罪」はもちろん、「罪」自体を構成しない。政教分離《ライシテ》における侵すことのできない「聖なるもの」とは政教分離《ライシテ》それ自体だと言ってもいい。しかし、キリスト教神学者やフリーメイスンが練り上げた政教分離《ライシテ》のなかで、具体的に「聖なるもの」で「冒瀆」を許されないのは、じつは、「人格《ペルソナ》としての個人」であり「自由」であった。これこそが、じつはキリスト教がもたらした最大の普遍的価値観なのだ。

古今東西どこでも、地縁血縁を基盤にして民族神や自然神とそれにまつわるさまざまな儀式を中心にして「共同体」文化が築かれてきた世界で、キリスト教は、「神が人となった」という神から人への「受肉」を中心に置いたユニークな宗教だった。それまでは、「神や聖なるものと交信できる人」、「神や聖なるものから特別の恩寵を受けている人」、「神や聖なるものと一般人の仲介ができる人」やそう自称している人びとが共同体の「聖なるもの」を代表していた。そこに登場したのがキリスト教である。神自身を父と子と聖霊という三つの人格《ペルソナ》の関係性で考えたキリスト教においては、すべての人が「神性」や「聖性」にアクセスすることが可能であり、どこで誰の子として生まれたかや性別や身分にも関係のない一人一人の「個人」が「人格《ペルソナ》」として尊厳あるものだとみなされる。しかも、そうして提示されている神性にアクセスするかどうかは、その個人の「自由意思」に任されるというものだ。

歴史上のキリスト教は、もちろん理論通りにはいかなかった。ローマ帝国の国教として採用された時点ですでに「帝国の論理」にすり替えられてしまった。けれども、キリスト教が倒錯し腐敗していく中で、いつも何らかの刷新運動が生まれて、「神と直接につながり得る個人」と「その個人が自由意思によって生きる権利」を唱える流れが復活した。それがある時は観想型修道会やプロテスタント諸派の誕生になった。また、神と権力の癒着が強い場所においては、「神」という言葉を捨てて（あるいは「至高の存在」とか「理性」とか「宇宙の大建築家」という名に置き換えて）、「平等な個人」と「自由」を残す「西洋近代型」人間中心主義になったのである。

それ故に「西洋近代」の価値観において最高の価値を持つのは一人一人の人間の「生存権」であり、「自由」なのだ。フランスにおいてはそれがフリーメイスン（グラントリアンや「人権」ロッジ）における政教分離《ライシテ》であり、共和国における政教分離《ライシテ》となったのである。

そこでは「聖なるもの」である「個人とその自由」は「冒瀆」してはならないものであるが、「他者の自由」を侵す行為は当然法によって制限される。けれども、法を犯したからといって、その「犯人」の命を第三者が奪うことはできない。「冒瀆罪」では死刑にならないということはそのまま「冒瀆罪」を廃止して「他人の権利を侵害する罪」に移行することであり、それを「普遍価値」とすることはそのまま「誰がいかなる罪を犯しても、そのことをもって罪人の生存権を奪うことは誰にもできない」、すなわち「死刑の廃止」につながる。さらにあらゆるかたちの戦争の廃止にもつながるのが論理の帰結であるが、「西洋近代」はヨーロッパにおける死刑廃止の合意をのぞいてまだその域に達していない。それればかりか、キリスト教由来の「個人主義」と「自由主義」が資本主義、市場主義に取り込まれて変質しており、平等どころか貧富の格差と社会的不公平を増大させ、新たな独善主義、覇権主義を担保していったために、二一世紀に入ってから「非キリスト教」文化圏との深刻な摩擦が表面化しているのは周知のとおりである。

カトリック教会が自らの生存をかけて獲得した「信教の自由」の政教分離《ライシテ》を掲げたフランスだが、無神論イデオロギーのかたちである政教分離《ライシテ》原理主義者たちは、「宗教的蒙昧を攻撃する」という伝統的な戦いをやめようとはしなかった。その武器となったのが、一九世紀以来の「風刺新聞」である。

「風刺新聞」はカトリック教会の金銭的、性的スキャンダルを執拗に追及し、信者の保守性、前近代性、蒙昧を揶揄しつづけた。しかし、フランスのカトリック教会は、一つにはローマ教会とある程度の距離をおいたガリア教会の伝統とともに、歴史の波に洗われて政教分離《ライシテ》のなかで立ち位置を見出したのでその揶揄や「冒瀆」に耐性があった。フリーメイスンの政教分離《ライシテ》に親和性を見出してロッジに合流する司祭もいた。

ド・ラ・バールの記念碑

フランス革命の時代に「冒瀆罪」から「復権」したド・ラ・バールの例を見てみよう。

第三共和政になってからの一八九七年、フランス・グラントリアンは、サクレ・クール大聖堂の前にド・ラ・バールを記念する銅像を建立した。パリのモンマルトルの丘に建てられたサクレ・クール大聖堂は、一八七一年の普仏戦争の敗北とパリ・コミューンを弾圧したトラウマから立ち直ろうとした国民議会が、「宗教否定の無神論」の盛り上がりにもかかわらず精神的な拠り所を求めて「フランス人によるフランス人のための聖地」を作るために建設を決めたものだった。もちろん無神論陣営からは、ネオ・ビザンチン様式の丸屋根の大聖堂を悪魔が覆うなどのカリカチュアによって攻撃されている。

そんな状況で、普仏戦争とパリ・コミューンの犠牲者の慰霊を込めて国民の寄付によってできたこの大聖堂の前に、冒瀆罪の最後の犠牲者であったド・ラ・バールの銅像を建てるというフリーメイスンの選択は優れたバランス感覚の証となっている（この像は一九二六年に移動され第二次大戦中に金属徴用のため撤収されたが、二一世紀になってふたたびパリ市議会により建てなおされた）。

サクレ・クール大聖堂の裏手の通りは「シュヴァリエ・ド・ラ・バール通り」と命名された。パリだけではない。ド・ラ・バールが処刑されたアブヴィルでは、一九〇二年に処刑場所でグラントリアンのフリーメイスンたちが花束を供えた。それをきっかけにラ・バール団が結成されて行進し、一九〇七年にはアブヴィルにもド・ラ・バールの記念碑が建てられた。二〇一四年にはドミニク・ダトラ監督による映画が公開された。世俗法廷で罰せられたのにもかかわらず、ド・ラ・バールの名は「宗教の非寛容」のシンボルとして銅像と記念碑は今も「自由思想家」たちの集まる場所になっている。ベルジュラック（南西のドルドーニュ地方）にあるグラントリアンのロッジのひとつには「シュヴァリエ・ド・ラ・バール」という名が冠されている。同名の通りや広場がフランス中に広がったことからも、「冒瀆罪」の犠牲者を悼む心性が共和国のアイデンティティのひとつに

ド・ラ・バールの銅像

なっていることがわかるだろう。そのことは、実際はカトリック教会がド・ラ・バールの助命を嘆願したように、近代以降のフランスのカトリック教会が「冒瀆」に対する旧来の視座を捨てたことを物語る。

「政教分離」の根底

それだけではない。二一世紀に入る前に教皇が十字軍や異端審問の歴史を公式に反省したカトリック教会は、権力を持っていた頃にくりかえした「非寛容」の歴史にもかかわらず、じつはもともと「冒瀆」の処罰について逆説的にならざるをえないルーツを持っている。

それはキリスト（救世主）として信仰の対象になっているパレスティナのユダヤ人であるイエスがまさに当時のユダヤ社会で「冒瀆罪」によって断罪されたことだ。エルサレムで捕えられ、大祭司のもとに引き立てられたイエスは、尋問のなかで「人の子が全能の神の右に座り、天の雲に乗って来る」と口にしたことをもって、「神を冒瀆した」とみなされ、「死刑にすべきだ」とされたからだ（マタイによる福音書二六―六四〜六六）。その後でローマ総督ポンティオス・ピラトのところに引き立てられたが、ユダヤ人ではないピラトにとっては「冒瀆罪」は意味がない。そこで訴えられた罪状は「ユダヤの王」としてローマに謀反を企てているとする政治的なものだった。そちらのシーンの方が最初の大祭司による「冒瀆罪」の死刑宣告よりもよく知られているが、イエスが捕えられ処刑された最大の理由は当時の「聖なるもの」をめぐる秩序を揺るがしたことにほかならない。

しかも、「冒瀆罪」で命を奪われたイエスを救世主としたキリスト教は、その残虐な「受難」の十字架を封印するどころかシンボルとして掲げてきた（初期のキリスト教は復活のイエス、栄光のイエスの姿を強調したが、ローマ教会のテリトリーを中心に磔刑像《たっけい》が流布した）。誰に危害を加えたわけでもないイエスが公開で鞭打たれ十字架に釘打たれて残酷な窒息刑に処せられた。しかも、その十字架の上で、「神の子」である救世主は報復を唱えることなく、「父よ、彼らをお赦しください。自分が何をしているのか知らないのです」（ルカによる福音書二三―三四）と言ったのだ。だからイエスの「父なる神」も、ましてやキリスト教信者たちも、「絶対に赦さない、この罪は必ず償わせる」などとは言えない構造になっている。

しかも、この無抵抗のイエスの「処刑シーン」は隠されることなく、キリスト教ヨーロッパが形成される歴史のなかで、ありとあらゆる図像に、教会に、墓地に、聖職者の杖に、胸に、家庭の寝室の壁に、暖炉の上にと掲げられた。いったん主流秩序の側に立った後では、キリスト教は「冒瀆罪による死」の様子である磔刑像を逆説的に「聖なるもの」として掲げ、異端を弾圧したり異教徒を迫害したりしてきたのである。それは皮肉なことではあるが、そのルーツにあるインパクトが完全に消えることはなかった。すでに冒瀆罪で処刑されることによって「冒瀆」されている神の子が釘打たれているる「十字架」をさらに冒瀆するなどという罪で誰かを処刑することなど本来のキリスト教には自己矛盾なのだ。だからこそ、そのようなキリスト教文化のなかで成立した「政教分離《ライシテ》」の空間においては、なんであれ「聖性」を絶対不可侵にすることなどはできない。偶像崇拝の断固拒否が、「政教分離《ライシテ》」の根底に脈打っている。

2　フリーメイスンと共和国

風刺とスキャンダルとフリーメイスン

このような歴史に裏打ちされた「政教分離《ライシテ》」を標榜するフランスであるから、風刺におけるピューリタン的な「政治的公正」の配慮などありえなかった。特に、「政教分離《ライシテ》」のもとで生きつづける伝統宗教に対する風刺なら、どんなに「冒瀆」的なことでも許される空気があった。一見不思議なのは、教会離れの進んだ二〇世紀後半には大多数の「普通のフランス人」にとってすでに「キリスト教」はせいぜい冠婚葬祭のツールでしかなくなっているのに、「風刺文化」圏ではまだ大きな標的として存続したことだ。「反宗教」で「蒙昧」を開くといういわば一八世紀風のこだわりに、新たな燃料を投下したのは第二次大戦後に広まった「共産主義の理想」であり、それが知識人の間に蔓延したからである。ジャン＝ポール・サルトルらに代表される「インテリ＝左翼＝無神論」という類型が成立し、一九六八年五月革命を経て、ポスト・モダニズムの相対主義と個人主義へなだれ込んでいった。一方で、旧植民地アルジェリア、チュニジア、モロッコなどを中心にムスリム系移民が増え、出生地主義で二重国籍を容認するフランスではイスラム教が新たなコミュニティを築いていったが、普遍主義《ユニヴァーサリズム》に基づく統合政策をとるフランスは宗教的な共同体形成の現実を看過した。過去の植民地主義への罪悪感も手伝ってムスリムは風刺の主要な標的にはなりえなかった。同様に、ドイツ占領下でホロコーストに加担したことへの反省や罪悪感によりユダヤ人も過激な風刺の対象にされることを免れた。

実際、一九九〇年にソ連と東欧の「共産圏」との冷戦が終わるまでは、宗教風刺の的は相も変わらずカトリック教会とその周辺でありつづけた。もう一つの標的として登場したのはカトリック教会の弱体化とともに蔓延した各種の新興宗教やカルト宗教である。やがて、グローバル経済の自由競争が過激化し、アメリカ型の共同体主義がフランスの普遍主義《ユニヴァーサリズム》を有名無実化していくなかで、石油利権をめぐる駆け引きも加わって国内のムスリム共同体が社会問題として意識され、イスラム教が本格的に風刺の俎上に載るようになったのは二一世紀になってからだと言えるだろう。

その流れのなかでフリーメイスンのロッジは、無神論者や社会主義者を受容するとともに、普遍主義《ユニヴァーサリズム》により表立ったロビー活動を嫌うフランスのなかでの人脈、金脈の温床ともなっていた。フリーメイスンはユダヤ人とともに第二次大戦下で糾弾されて、アンチ・フリーメイスンのプロパガンダが出回った。ユダヤ＝フリーメイスンの「陰謀論」も生まれた（第三章3節「フリーメイスンとユダヤ主義」一三五頁参照）。その反動で、戦後の風刺文化の矛先はユダヤ人からもフリーメイスンからも遠ざかった。それどころか、無神論的風刺画家にはフリーメイスンであることを隠さない者もいた。

特に、カルト宗教の弁別と摘発について重要な著作を残したグザヴィエ・パスキニはグラントリアンの副グランド・マスターを務めた人物で、『シャルリー・エブド』に連載記事を持っていた。パスキニは、二〇〇〇年三月二五日に、パリ九区にあるグラントリアンの本部で開かれた地域大会の席で熱弁をふるっている最中に心臓発作を起こして死亡した。グランド・マスターであるシモン・ジオヴァナイの辞任を求めて激昂していたのだ。ジオヴァナイは同年一月に他のメンバーの合意なしにグラントリアンの本部でコルシカ独立主義者と社会党幹部（当時は保守のシラク大統領下で社会党のジョスパン首相が内政を担当していた）が内密に話し合う場を提供していた。政府とコルシカ独立派のあいだに立って調停を図ったのだ。うまくいっていればむしろ「手柄」になっていただろうが、交渉はまとまらずコルシカ独立派は「テロリスト集団」とみなされ、ジオヴァナイもテロリストと内通していたかのごとく内部から糾弾されることになった。一九九五年に社会党のミッテラン大統領の任期が終わってから社会党系のメイスンは野に下り、メイスンの内部でも「粛清の季節」がやってきた。グラントリアンの存在価値を示したかったスタンド・プレーに失敗したジオヴァナイはもともとその年九月までの暫定グランド・マスターで、彼の後には若くして頭角を現したアラン・ボエールが後を継ぐはずだった。

パスキニがロッジ内でグランド・マスターを糾弾中に急死したことはフリーメイスン内に大きな衝撃を与え、彼の死は「兄弟愛」というフリーメイスンの理想とかけ離れたものとして「彼は憎悪で死んだ、他者に抱いていた憎悪と他者から抱かれていた憎悪によって」と評された。しかしジオヴァナイは三週間後に辞任して、予定より早くアラン・ボエールがグランド・マスターに選出された。それ以来グラントリアンは「世俗（＝政治）には関わらない」との方針を宣言した。

二〇一二年の社会党の政権奪取まで政治的にはめだたなくなり、スキャンダルはもっぱら経済、ビジネスの分野となる。しかし三年の任期を務めたボエールは亡命ユダヤ人家庭の出身の高名な犯罪学者で対テロリズム安全保障の専門家であり、政権の変遷にかかわらず、保守党のサルコジ大統領の下でも社会党のヴァルス首相の下でもテロ対策の政府顧問となっている。

グザヴィエ・パスキニが本部ロッジで急死した四日後、『シャルリー・エブド』（No.406）の第一面には「世界はさかさまだ！　グザヴィエ・パスキニが教皇より先に逝った！」という帯見出しが付け加えられた。カトリック教会は『シャルリー・エブド』やそこで連載していたパスキニの攻撃対象の常連だった。二〇〇〇年の時点では病に苦しむ当時のローマ法王ヨハネ＝パウロ二世がいつ倒れても不思議はないと思われていたのだ。けれども、教皇は二〇〇四年まで終身任期を全うし、まだ四〇代の壮年だったパスキニの方が死亡したのである。

すべてを笑う『シャルリー・エブド』の同じ号にはパスキニの「死の瞬間」もカリカチュアとして掲載されている。フランス・グラントリアンと書かれた布が垂らされた演壇でこぶしを振り上げて「教皇を倒せ、動物虐待をやめろ、（……）カルト・リーダーたちをやっつけろ、クリスチャン・ジャックを倒せ、フリーメイスンも……」とまで叫んだところで「プツン」と何かがこと切れた図柄だ。高齢で病気の教皇よりも彼を攻撃していたパスキニが「先に逝った」というわけである。クリスチャン・ジャックというのはやはりフリーメイスンの幹部として知られている作家で古代エジプトをテーマにした著作がたくさんある。パスキニがクリスチャン・ジャックを攻撃していた理由は、カルト研究の専門家であるパスキニが、ジャックが率いる秘教系のカルト・グループを批判するためだった。

パスキニは一九九六年、グラントリアンの発行する雑誌『ユマニスム』にジャックが「命の家」というセクトの教祖であると暴露した。フリーメイスンの典礼はもともとエジプト系秘教のシンボルも使う折衷主義的《エクレクティック》な要素があり、だからこそ第二次大戦中の反メイスン・プロパガンダでも悪魔崇拝だとして攻撃されたのだが、二〇世紀の終わりの「世紀末」的空気のなかではその秘教的な要素に惹かれる人たちもメイスンに集まったのだと思われる。パスキニにより誇大妄想だと批判されたその種のメイスン系カルトには、ジルベール・ブルダンの「金蓮騎士団」（統合神の普遍宗教として聖地マンダロムを建設。一九九五年にフランス政府よりカルトと認定される)、ハーヴェイ・スペンサー・ルイスの「古代神秘薔薇十字団(AMORC)」、リュック・ジュレらの「太陽寺院教団」がある。他にフランソワ・スティファニというメイスンはフランス・ナショナル・グランド・ロッジそのものを、口伝をより重視することなどでカルト化したとパスキニから指摘されている(二〇一二年に除名された)。

『シャルリー・エブド』は執筆者であったフリーメイスンのパスキニの死をも戯画化して、パスキニがフリーメイスンを糾弾しながら発作に襲われた様子をからかった。このことは、『シャルリー・エブド』が、ある宗教やフリーメイスンのようなグループに対して固定した悪や蒙昧のレッテルを貼って攻撃しているのではなく、その時代の流れや内部の暴走や逸脱などにピンポイントに注目して風刺によって挑発したり弾劾したりしてきたことを示している。実際、ミッテラン政権とともに政治の表に出過ぎた感のあるフリーメイスンは一九九〇年以降、内部分裂が激しくなり、カルト信者化する者、政治、司法、ビジネスの人脈を通じて権益を得ようとする者らが跋扈《ばっこ》して、ロッジが談合の場や互いの責任追及の場と化してしまった。それでも、パスキニの死の後でグラントリアンが政治に直接かかわらないことを宣言したように、軌道修正はその都度試みられている。さまざまな逸脱があっても、自己啓発と精神の自由を標榜する創立の精神を死守して内部告発する者(終章参照)は必ず現れて、自浄しながら、時代における「自由」の意味を探究する場としてのアイデンティティをつないできた。

だからこそ、二〇一五年一月七日に『シャルリー・エブド』の編集部が重武装したテロリストに襲われて編集会議中だった風刺画家や執筆陣が殺戮されたことは、単に「イスラムを侮辱したカリカチュアに鉄槌が下された」事件などではない。フランスの共和国主義の歴史の根幹を攻撃されたものだと多くの人が共感し一一日に全国四百万人と言われる「共和国デモ」が行われたのは、政教分離《ライシテ》のなかで理念や信仰やイデオロギーがせめぎ合ってきた表現の自由の歴史があってのことなのだ。

グラントリアンの共同声明

実際、『シャルリー・エブド』が攻撃されたその日のうちに、フリーメイスンの各派は表現の自由を擁護する声明を出した。その後でプレスに向けた共同声明も発表している。

《共和国の根本原理に向けられた攻撃》

以下に名を連ねるフリーメイスン諸派は、本日『シャルリー・エブド』誌に向けられたおぞましいテロ行為を激しく弾劾する。

この卑怯で野蛮な犯罪の実行者たちは、民主主義に対し、フランス共和国の価値観に対し、またその基盤のひとつである政教分離《ライシテ》に対し、考えられない罪を犯した。

フリーメイスンのすべてのメンバーは表現の自由、なかでも報道の自由、そして信教の絶対自由に対する我々の永遠の執心とあらゆる状況においてそれらを擁護するという覚悟をあらたにするものである。『シャルリー・エブド』の我々の友らは信教の自由を保持していたために、人間の良心の偉大さを信じていたために、彼らの思想を守ることを恐れなかったために、死んだ。

我々は、我々が共有する価値観のためになされた彼らの戦いが同じ決意をもって続けられることを彼らに証明しなくてはならない。

フランス・グラントリアン
フランス・グランド・ロッジ
フランス「人権」連合
フランス女性グランド・ロッジ
オペラ・伝統とシンボルのグランド・ロッジ
フランス男女グランド・ロッジ、ユニヴァーサル男女グランド・ロッジ
ロイヤル・アートの伝統イニシエーション団の文化と霊性グランド・ロッジ
フランス・メイスン同盟グランド・ロッジ

スイス・アルピナ・グランド・ロッジ（GLSA）のグランド・マスターも、ただちに各ロッジのリーダーにあてて犠牲者の追悼とフランスへの連帯の手紙を出した。このテロはフリーメイスンのユマニストの根源価値を否定するものだとして、他者の考え方への寛容とリスペクトをあらためてメイスンに呼びかけている。

一般には表に出なかったが、この声明のなかではテロの犠牲者であった二人、ベルナール・マリス（ベルナールおじさんというペンネームでコラムを連載していた経済学者）とミッシェル・ルノーというジャーナリストがグラントリアンのメンバーであったことが特筆されている。この二人は『シャルリー・エブド』の専属ではない。ベルナール・マリスは退官した大学教授であり、緑の党シンパで、共和国主義の『マリアンヌ』や左派寄りの『ヌーヴェル・オブセルヴァトゥール』、『ル・モンド』やブルジョワ寄りの『フィガロ・マガジン』にまで広く寄稿していたが、『シャルリー・エブド』では副

編集長を務めたこともあり、経営が苦しい時に株主になったこともある。『シャルリー・エブド』の編集にかかわった二〇〇八年はパリの「ロジェ・ルレイ」ロッジでイニシエーションを受けた年でもある。ミッテランの社会党政権が誕生した一九八一年にグラントリアンのグランド・マスターであったロジェ・ルレイはニューカレドニア独立運動の終結をはじめとして積極的に政治に関与したことで知られていて、その名を冠したロッジも政治活動で有名だった。

ミッシェル・ルノーの方は、『フィガロ』紙やラジオ『ヨーロップ・アン』で活動するとともにクレルモン＝フェラン市の広報主任として活躍した。一九八六年に「人権」ロッジでイニシエーションを受けたが、後にクレルモン＝フェランのグラントリアン「永遠の光」に加わった。フランス・グランド・ロッジのシンクタンク「フリーメイスンと社会」の広報も担当した。テロの起こった日にミッシェル・ルノーとともにクレルモン＝フェランから『シャルリー・エブド』の編集会議に参加していたもう一人のグラントリアンのメンバーは床に伏せて虐殺を免れた。

グラントリアンの追悼文によれば、犠牲となった風刺画家の一人の妻はフランス女性グランド・ロッジのグランド・マスターであり、他の犠牲者の近い親戚もグラントリアンのメンバーである。パリ九区のグラントリアンの本部では一月一三日に「ロジェ・ルレイ」ロッジによるベルナール・マリスと他の犠牲者の追悼集会がおこなわれ、すべてのロッジのメイスンが招かれた。

「自分たちの物差しから一度離れなくてはならない」

『シャルリー・エブド』のテロの翌日に警官殺害、翌々日のユダヤ人スーパーでの人質殺害など計一七人の犠牲者が出た後、一月一一日にはフランスだけでなくカナダのケベック、モントリオールでもテロを糾弾する決意のデモが組織され、インターネットを通じての呼びかけに応えて、カナダのメイスンも行進して写真を送り合った。

フリーメイスンの幹部で公式の場に出る人（行政府公認のNPO扱いなので会長、書記、会計の名が届け出られている）は別として、普通のメイスンには自分の所属を公にしていない人ももちろん多い。デモ行進が民主主義の手段として普通におこなわれるフランスでもフリーメイスンが襷などをつけてそれと分かる姿で行進することは少ない。その珍しい行進があったのは一九九四年一月一六日で、カトリックの私立学校を国家が補助するための法律修正を阻止しようとするものだった。コートの上からメイスンの襷を掛けたグループがパリの大通りいっぱいに広がって行進した。「共和国市民教育」の場である公立学校は共和国主義の「聖域」であるから、カトリック教育機関への助成は政教分離《ライシテ》に反するというわけだ。

それから二一年後の「共和国デモ」は、カトリックに対抗するものでも宗教一般に対するものでもなく、「共和国理念」の根本にある表現の自由を掲げるものであり、数万人のメイスンが参加した。なかには、それまでメイスンであることを隠していたメンバーではじめて襷や青い前垂れをつけて外を歩いたという人もいた。彼らが共和国の一市民であるだけではなくあえて「フリーメイスン」として意思を表明したことの意味は、独特の自負にある。すなわち、あるメイスンが先の声明に対して、

我々はヨーロッパの絶対王政に打ち勝った。
我々はヨーロッパにおいて宗教権力に打ち勝った。
我々は奴隷制に打ち勝ち民主主義を決定的に打ち立てた。

我々はファシズムとナチズムに打ち勝った。
我々は共産主義に打ち勝った。
自由は我々の武器である。
自由な人間は無敵である。
自由な人間は害虫のようなイスラム過激派を根絶するだろう。

とコメントして他のメイスンから賛同を得たように、民主主義と西洋近代の自由世界を築いたのは自分たちフリーメイスンだという当事者意識があるのだ。前述したスイスのフリーメイスンのグランド・マスターが仲間にあてた手紙は「我々は出自や職業や宗教とは別の独立した人権を尊重する。この光のもとに『シャルリー・エブド』は活動してきた。この風刺新聞がこれからも勇敢に発行されつづけることを期待する」と述べた後で、ヴォルテールのものとされる寛容についての有名な言葉「私はあなたの言うことに同意しない、けれどもあなたがそれを主張する権利を持てるように私は永遠に戦うだろう」を引用して結ばれている。

イスラム過激派のテロをサミュエル・ハンティントン流の「文明の衝突」として見ることについて、フランス・グランド・ロッジのグランド・マスターであるアラン・グレゼルはインタビュー記事のなかで、西洋民主主義圏対ソ連圏の対立が終わった後で宗教文化の対立がとってかわったという単純な見方はできないが、ある種の国が過激派に金銭支援をしているという事実は、文明ではないが文化の差異が対立の原因になっていると考えられる、相手を理解するためには「自分たちの物差しから一度離れなくてはならない」と述べている。

さらに彼の見解を紹介しよう（以下 http://www.jlturbet.net/2015/01/alain-graesel-gldf-s-exprime-sur-les-tragiques-evenements-recents.html より）。

イスラム過激派は単なるテロリストではなくイスラム教条主義のひとつのかたちから引き出されたイデオロギーにインスパイアされている。フランス国内のいわゆるイスラム穏健派の人びとは、フランスでは市民生活の規則が宗教に優先するということをあらためて信者に徹底させる義務がある、それはキリスト教やユダヤ教の原理主義者でも同じだ。今回のテロでフランスのムスリム社会が「一番の犠牲者は自分たちだ」などと言ったのはおかしい。一番の被害者は犠牲者たちであり、次にフランスの政教分離《ライシテ》の侵害であり、その結果としてのムスリムに対する偏見という、許してはならない衝動なのだ。それなのに、共和国行進に参加したムスリムに対して「裏切り者」などと公共放送でコメントしたムスリムがいるのは嘆かわしい。

グランド・マスターのこの意見は、すなわち政教分離《ライシテ》空間で生きるムスリムを「啓蒙」せよということである。そこには、フランス共和国主義が、根強かったカトリック教会の権威と戦い、右往左往しながらようやく着地点を見つけた歴史に対する自負が脈打っているわけだ。ちなみにアラン・グレゼルはパリでなくナンシーで行進したが、自分の共和国理念は一九八四年にフリーメイスンに入る前にすでに培われていたという理由で、襷などつけない私服で参加したと言う。

スーフィズムとフリーメイスン

フランスのフリーメイスンにはユダヤ人が少なくないが、ムスリムのメイスンは主としてスーフィズムの信者である。スーフィズムには「自由」の伝統があり、『シャルリー・エブド』事件の後で、リールのムスリム系私立高校のスーフィの哲学教師スフィアンヌ・ズィトニが『リベラシオン』に寄稿した自分の記事を職員室に貼りだしたことで職を追われた事件があった。アルジェリア移民出身のズィトニは、複数のカトリックの学校で哲学を教え、宗教間の対話を試みていた。形よりも内的な道を強調するスーフィズムに共感し、スーフィズムのサイトや掲示板で、教義や典礼を超えた「真の自由に基づいた」普遍的な「真の愛の道」を表明していた。原理主義化する若いムスリムに対して、霊性のセーフティ・ネットとして、特定の教義から離れて「善き人」であるようにと訴えていた。問題になった記事とは、ズィトニが、テロの後の『シャルリー・エブド』の第一面に描かれた「預言者が嘆く姿」について、ハディース（ムハンマド言行録）のなかに預言者が「将来、自分自身の共同体に反対する証言をせざるを得なくなる」のを予見して涙にくれたというエピソードがあることを高校《リセ》の三年の生徒たちに紹介し、その将来というのがまさに今の時代ではないかと問いかけたというものだった。一二世紀アンダルシアの偉大な科学者で哲学者アヴェロエスの名を冠したその学校の図書室にはアヴェロエスの著作は一冊もなく、現代の政治的著作ばかりだった。この学校は前述した私学助成法によりフランス政府に認可されたものでズィトニの給料は国民教育省から払われている。辞職を余儀なくされたズィトニは、校長が学外メディア向けの政教分離《ライシテ》に沿った言葉と学内でのイスラム主義の言葉を使い分けていることを指摘している。ズィトニのエピソードは、政教分離《ライシテ》の牙城であるグラントリアンにいるムスリムが実質的にスーフィであることとも合致する。

同じ流れを汲む哲学者にアブデヌール・ビダールがいる。ビダールは無神論共産主義の祖父、医師でイスラム教に入信した母を持ちムスリムとして育てられ、エコール・ノルマルを卒業したエリートだ。イスラム世界が自ら近代化することの重要性を説き、共同体主義から個人主義、実存主義のイスラムへ向かう提案をする。西洋ユマニスム史の著作があり、国民教育省の政教分離《ライシテ》教育委員であり、二〇一三年に大統領が設置した政教分離《ライシテ》監視院のメンバーでもある。フェイスブックでもフランスのイスラムを考える場を設け、『ムスリム世界への公開状』（二〇一四年一〇月一五日）でイスラムの「世俗化（共同体のイデオロギーではなくプライヴェートな信仰にすること）」を訴えている。ヨーロッパにおけるキリスト教の非政治化、世俗化、自由平等主義、民主主義との共存の歴史を踏まえてイスラムにも自らのメタモルフォーゼ（変身）を求めるものだ。ビダールは二〇一一年三月一九日にマルセイユの全国フリーメイスン会議に招かれて講演している。フリーメイスンのウェブ書店はビダールの著書を扱っている。ビダールも自分をスーフィズムの流れに位置づけている。

逆に言えば、今のフランスでゲットー化し共和国主義から乖離した共同体となり過激派の温床ともなっているムスリムから距離を置いて自らを差異化するには、スーフィズムに帰依することがもっとも容易な道となっている現状がある。フランスは諸宗教のルーツを求めたルネサンスの伝統を継いで、秘教主義化していったルネ・ゲノン（一八八六〜一九五一、カトリックであり、フリーメイスンにも所属したが晩年にイスラムに改宗）からアンリ・コルバン（一九〇三〜七八）のオリエンタル・アカデミズムまで、もともとスーフィズムに親和性がある。アルコールの摂取を厳しく禁じる宗派と違って、スーフィズムに神秘的陶酔に誘うワインを賛美する文化があるのもキリスト教やフランスに受け入れられやすい部分だろう。そんなスーフィズムはリベラルで個人主義的なイスラムとして「政教分離《ライシテ》におけるイスラム」の可能性を探っているが、フリーメイスンはその橋渡しの役割の一端を担っているわけだ。フリーメイスンの「秘密性」が個人情報を守り、平等理念が差別を排し、創造神の崇敬や典礼が霊性や聖性を担保してくれるからである。

民主主義国内で勃発するイスラム過激派によるテロリズムの問題は、西洋対非西洋とか、キリスト教対イスラム教とかいう単純な問題ではない。しかし、二〇〇〇年にわたる民族戦争や宗教戦争やイデオロギー戦争をくぐり抜けて自由平等のヒューマニズムに依拠する共生主義にようやくたどりついて平和の維持に取り組むヨーロッパ世界はさまざまなツールを発明してきた。そのひとつとして生まれたフリーメイスンが未曾有の危機の時代にはたしていま一度有効に機能するのかどうか、注目したいところである。

コラム⑥「ソステーヌ伯父」

ギ・ド・モーパッサン（一八五〇～九三）の短編集『ロンドリ姉妹』のなかに『ソステーヌ伯父』という短編がある。一八八二年に『ジル・ブラス・イリュストレ（挿絵付き）』という週刊新聞に、記者の一人ポール・ジニスティへの献辞付きで発表されたものだ。モーパッサンは若くして普仏戦争に駆り出されて敗退し戦争を憎んでいた。ナポレオン三世の帝政からパリ・コミューンを経た第三共和政はフランス革命を公式なルーツとして出発したのでフリーメイスンもめだつ勢力となっていたが、マクマオン大統領が王政復古を企てるなど政情は不安定だった。モーパッサンの短編はフリーメイスン、自由思想家、愛国主義者、信心家などをまとめて批判するものだ。当時のヨーロッパの王家にはフリーメイスンが多く、近代精神と王政復古が果たして両立するのかという問いがたてられている。

モーパッサンは、語り手の口を借りて、人が自由思想家（＝フリーメイスン）になったり宗教家になったりするのは多くの場合は無知蒙昧によるものだと述べる。語り手の伯父ソステーヌのようなフリーメイスンは、宗教家の鏡像のようなもので、町でイエズス会士とすれちがうと口汚く呪ったりするさまはまるで別の宗教を妄信しているごとくである。真の自由思想家とは死の恐怖を利用するすべての教義《ドグマ》から距離を置き、未知のものを祀り上げる宗教を理解し説明しようとする者であるべきだ。ソステーヌは愛国主義者でもあるが、愛国主義も宗教の一種で、戦争の卵である。フリーメイスンはキリスト教のパロディで、それくらいなら伝統宗教の方がまだましだ。神を倒すための牙城などというが、教皇になる前のピウス九世をはじめとして多くのカトリックがフリーメイスンになっているのでは意味がない。

語り手である甥からこう言われたソステーヌは反論して、自分たちの戦いは政治であり、王政主義の打倒なのだという。ウェールズの王やイタリアのウンベルト王やロシア皇帝の弟やナポレオンやドイツの大公たちがグランド・マスターなのも矛盾しないとうそぶく。甥はソステーヌがメイスンの友と出会うと手指でさまざまなサインを大仰に交わし合うのを見て、そんなことをするくらいならまだイエズス会士の方がましだと思っている。

カトリック信者が肉食を断つ復活祭前の聖金曜日に、フリーメイスンのソステーヌはレストランに三人の友と甥を招いてこれ見よがしに腸詰を食べリキュールやワインやシャンパーニュを暴飲した。甥に連れられて酩酊状態で家路についた。無神論で反教権主義のアイデンティティが強かった当時のフリーメイスンによるカトリックの習慣に対する挑発である。

伯父の挑発にうんざりしていた語り手は悪戯を思いつき、伯父の仇敵である町の老イエズス会士の居宅を訪ねて瀕死の伯父が臨終の秘跡を受けるために司祭を必要としていると告げた。自分は無宗教なので伯父の願いを斥けた、だから自分に呼ばれたとは言わずに啓示を受けたことにして行ってやってほしいと頼む。老イエズス会士はただちにソステーヌの家に赴き、甥は大騒ぎを期待したが、夜は静かにふけていった。つぎの日の夕方に平穏な様子でイエズス会士が伯父の家を出るのを見た甥はおそるおそるソステーヌのもとを訪ねた。ソステーヌは啓示によって自分の死を知ったイエズス会士がやってきて看病してくれたこと、彼がソステーヌの死んだ父親と知り合いだったこと、アフリカでの宣教の話に感銘を受けたことなどを甥に語った。甥が驚いて「では、フリーメイスンをやめて宗教に行ったのか、変節したのか」と問うと、ソステーヌは「宗教も一種のフリーメイスンだ」と答えた。フリーメイスンもイエズス会も同じようなものだと思っていた甥であるが、ソステーヌがあっさり回心したこと、甥を相続人から外して財産をイエズス会士に残す遺言をしたためたことを知って愕然とする。

モーパッサンのこの短編は、第三共和政下のフリーメイスンがイデオロギーとしての無神論者の牙城となっていたこと、しかしそこには革新的な共和主義の運動家だけではなく、多くの人が宗教の代替物として参入していた実態を物語っている。宗教も政党も思想も、いったん生身の人間が集まると、偶像崇拝や自己満足の共同体主義や思考停止の深淵が口を開けている。その罠から身を守るには、この小説が示すように批判精神とユーモアを同時に働かせて視座を自由に変化させる柔軟性が必要だということなのだろう。

終章　新しいフリーメイスンの可能性

準宗教的「世俗」空間

宗教間対話と言えばローマ法王ヨハネ＝パウロ二世が一九八六年にイタリアのアッシジではじめた諸宗教者の共同の祈りが有名だ。宗教がもうあまり意味を持たない社会、大多数が宗教に無関心な社会ではその意義がわかりにくいが、歴史的にさまざまな葛藤や戦争を経てきた伝統諸宗教がグローバルな平和に向けて理解し合うことの大切さは二一世紀になお切実さを増している。伝統諸宗教が衰退した社会で宗教に免疫のないまま病や貧困などの危機に陥った人たちがカルト宗教に取り込まれたり、原理主義の過激路線にはしったり、聖なるものや冒瀆を口実に武力行使したりするなどの問題が後を断たないからだ。

しかし、諸宗教者たちがどんなに平和共存の理念を分かち合っても、無神論者や不可知論者や宗派を持たない信仰者たちとは親しく出会うことができない。イギリス王室におけるカトリックとプロテスタントの争いのなかで宗派を超えた霊的進歩とヒューマニズムと科学主義を標榜して創設されたフリーメイスンは、諸宗教者と無宗教の人間とが出会える安全な準宗教的「世俗」空間を提供している。

ふりかえれば、フリーメイスンの歴史も、その故郷であるキリスト教の歴史と同様、建前と実際の行動が乖離しつつ分裂をくりかえした。自由平等主義や兄弟愛や普遍主義もみなキリスト教由来のものであったが、地上の教会がそれを実現できなかったように、フリーメイスンもある時はオカルティズムに淫し、社交クラブになったり互助組織になったり陰の圧力団体になったりしながら分派した。それでもキリスト教でローマ・カトリックと東方正教やプロテスタントが互いに互いを破門し異端宣告するようなかたちの決定的な分裂は起こらなかったのがフリーメイスンの特徴だ。ある団体から除名されたり脱退して別の団体に移ったり、異論のあるグループが分離独立しても、フリーメイスンはなぜか、表の世界に対しては共通の理念と啓蒙主義の統合的な姿勢をとる。

それはたとえ疑似的な教義や典礼やさまざまな決まりによって差異化しても、フリーメイスンが自らを「宗教」とせずにグローバルなヒューマニズムをアイデンティティとしてきたことに由来する必然の帰結といえるだろう。また、閉じられたロッジの内部ではたとえ人脈金脈をめぐる腐敗、逸脱、ハラスメントが起こっても、名前を公開することによって社会とのパイプとなる本部のグランド・マスターのレベルでは、最終的に「建前」を重んじ健全性を保ちやすい。任期が比較的短いこと、表の顔や肩書とフリーメイスンとしての責任を両立させる自制心が働くこと、大半が社会的に匿名を守るメンバーたちを公には管理できないこと、などのために独善主義を発揮しにくいからかもしれない。

一方、フリーメイスンを弾劾し排除し禁止しようとする宗教や体制やイデオロギーは昔も今も存在するが、それはいつも一方通行だ。フリーメイスンの方はそのイニシエーションによっていったん価値観を共有するかぎり、社会の別の場所でのメンバーの所属を問わないので「持ち駒」が多い。それらの特徴を利用して、フリーメイスンの側から異宗教間対話を組織したり伝統宗教との和解のイニシアティヴをとったりすることもある。フランスにおける特筆すべき動きは、フランス・グラントリアンと違って一神教的な「宇宙の大建築家」の概念を維持するフランス・グランド・ロッジのグランド・マスターが、一九九二年にヴェルサイユのカトリック司教とおこなった公開対談である。

ガリア教会の独立の伝統があるフランスではローマ教皇の禁令にもかかわらず聖職者のフリーメイスンが最初から存在した。また一九六〇年代の第二ヴァティカン公会議による「近代化」がフリーメイスンの理念と合致するとしてカトリック信者や司祭にとってフリーメイスンの垣根が低くなった。ところが後にベネディクト一六世となるヨゼフ・ラッツィンガーが教理省長官だった一九八三年に、フリーメイスンとカトリックは両立しない、カトリックでフリーメイスンのものは「大罪」の状態にあり聖餐にあずかることができない、となった。これには、キリスト教色の強い元祖フリーメイスンを自任するフランス・ナショナル・グランド・ロッジが抗議した。理神論の空気のなかで広がったフランスのフリーメイスンのなかでは「神と、啓示された神の御旨《みむね》の絶対信仰」を誓うフランス・ナショナル・グランド・ロッジは周辺に追いやられている感があり、自分たちはカトリック教会と何ら矛盾するものはないと自負しているのだ。フランス・ナショナル・グランド・ロッジと親交のあるミッシェル・リケ神父が『フィガロ』紙のなかで、このグランド・ロッジの特殊性を力説して特別に認めてもらおうとしたがヴァティカンからの反応は返ってこなかった。

同じ年に出た新しい教会法ではフリーメイスンを名指しで破門していた二三三五条が削除され、「教会に対し陰謀を企てる団体に加盟している者」としている。ナショナル・グランド・ロッジのようにローマ教会に抗議するのではなく地元のカトリック教会に積極的に接近したのは、フランス・グランド・ロッジだった。一般ラジオのニュース番組を担当していたルネ・ベルティエ神父の仲介でヴェルサイユのトマ司教が、司教とメイスンのメンバー（カトリック三名、ユダヤ人、正教、不可知論者各一名）が二ヵ月に一度非公式に集まって話すようになった。他の司教も誘われたがリスクを冒す者はいなかった。霊的な力の連帯というのは一九六〇年代末からのフランス・グランド・ロッジの方針のひとつだったが、誘われたカトリック教会にとっては、青天の霹靂だったであろう。フランス・グランド・ロッジは、キリスト教色の濃いフランス・ナショナル・グランド・ロッジと、理神論から出発して不可知論、無神論をも統合してきたグラントリアンとの中間にある派で、一八九四年にグラントリアンから分派した。神とは言わないが「宇宙の大建築家」の言葉を捨てることなく、宗教に開かれた政教分離《ライシテ》を標榜しているが、他宗教や不可知論者も受け入れている。

トマ司教はまずフリーメイスンに対して抱いていた偏見と向かい合うことからはじめ、少しずつ信頼関係が築かれていった。一九九二年一一月、リベラルなカトリック週刊誌『ラ・ヴィ』と『ル・モンド』紙から出ている『宗教事情』という雑誌の共催で、トマ司教とフランス・グランド・ロッジのグランド・マスター、ミッシェル・バラの公開対談がパリでおこなわれた。それをビデオ・カセットに残すことを提案したのはトマ司教だ。彼はこのプロジェクトをその年の二月から教皇庁に報告していたが返事をもらえず、当日の朝に教皇大使に呼び出されて取りやめるように言われたが決行してビデオをヴァティカンに進呈した。後にあらためてフリーメイスンとの接触を禁じられたトマ司教は、公開の行事はもうしないが、第二ヴァティカン公会議の唱える諸宗教対話の精神に従うと答えた。一九九四年の末には三人のカトリック・メイスンの証言を撮ったビデオが一三〇〇巻発行され、そのうち一〇〇〇巻が各ロッジで購入され、三〇〇巻が司教区で鑑賞され、偏見の除去に役立ったという。

フランス・グランド・ロッジは二〇〇八年にも「交わるパロル——諸宗教と霊性の対話」という会合を試みた。ムスリムのマレク・シェベルとガレブ・ベンシェク、後にフランス主席ラビとなるユダヤのハイム・コルシア、カトリックのアラン・ド・ラ・モルランデ神父、テーラワーダ仏教者らが参加した。フランス・グランド・ロッジは宗教ではないが、「人間の自由と個人の統合をリスペクトするすべての宗教をリスペクトする」という立場で出会いをオーガナイズして有意義な時間を共有したという。

その会合を主催したグランド・マスターであるアラン・グレゼルは「価値観によって秩序づけられた自由」を標榜する。フリーメイスンが第三共和政の頃のような政策のラボラトリーであり得る時代は終わった。共和国の政教分離《ライシテ》のなかで多様な共同体が共生していくためには二元論的ではないジャッジが必要で、タブーのない自由な意見交換、宗教や国家や人種の対立ではない視点からの共生の提案を模索するシンクタンクであることが、彼のめざすフリーメイスンのスタンスである。

最後に、危機の時代のフリーメイスンのあり方を考えさせられる、もう一人のフリーメイスンの道程を見てみよう。

ジャン・ヴェルダンの遍歴

ジャン・ヴェルダン（一九三一〜）は、二〇世紀から二一世紀にかけてフランスのフリーメイスンの中心にいて、フリーメイスンの情報を開示しながらメイスンの中核にある「精神の自由」に固執しつつ新しい道を国際的に探ってきた代表的な人物だ。メイスンとしてのジャン・ヴェルダンの来た道をたどりながら、これからの時代にフリーメイスンが「精神の自由」の橋頭堡としてどのような可能性を持っているのかを考察してみよう。

ヴェルダンは一九六五年五月にフランス・グランド・ロッジに属する「新エルサレム」ロッジで徒弟（見習い）となるイニシエーションを受け、二年後に職人となりその翌年に親方と順調に「昇進」した。小説家としてキャリアを積むがメイスンになったことは親しい人にしか明かしていない。一九七一年には徒弟にシンボルを説明する「第一監視人」に選出される。

一九七一年にインド洋にあるモーリシャス共和国の首都ポートルイスの「オリエント・スフィンク

ス」ロッジを代表するようになり、国際的な役割を果たすようになる。フリーメイスンのシンボリズムの新しい解釈の研究でも知られるようになるが、文学作品のなかではそれを使っていない。一九七七年には辞退したにもかかわらず本部の事務総長に選出され、一九八五年にはついにグランド・マスターの地位に就く。名誉メンバーになっているベルギー・グランド・ロッジなどと提携して国際化を図り、国際グランド・ロッジ連盟の評議員になって世界中を旅したが、グランド・ロッジの中枢は最高会議と呼ばれる年長者のグループに仕切られていることを発見して批判の目を向けはじめた。改革はかなわず、政権の変わり目となる一九九五年以降には他のフリーメイスンも含めた数々のスキャンダルが暴露され、ヴェルダンは一九九六年に『御し難いフリーメイスン』という本を出版したことで本部の裁判にかけられて九七年に脱会を余儀なくされた。その後、パリのグラントリアン「エマニュエル・アラゴ─真実第一」ロッジのメンバーとなり、二〇〇六年の南仏の大会ではグラントリアン内ロッジの研究会の新しい方法論を発表した。

各ロッジのうち研究会のメンバーがばらばらにではなく共通のテーマについて複数の課題図書を読み、インターネットを活用して同時進行していく有機的な取り組みが提案された。同じテーマを一年以上研究した後であらためて研究会以外のメンバーとロッジ内で分かち合い、その結果をまた別のロッジでの結論とすり合わせる。それはフリーメイスンの異なる派にも広げるためのもので、競争や統一見解の発表が目的ではない。各メンバーがそれぞれの日常の立場でその視点に立って活動する。

一時期は実際の政策審議の場となるほど政治的だったグラントリアンだが、「研究会」も形式的なものとなり各ロッジが閉鎖的な親睦会、少数のメンバーによる談合の場と化していた状況から人類の進歩に貢献するユマニスムの精神に立ち戻って社会に寄与するべきだという姿勢だった。

フリーメイスンの各派は、多くの社交団体や政治団体、慈善団体、宗教団体、スポーツ連盟などと同じく、内部で腐敗やハラスメントが横行したり、金脈や人脈作りの場と化したりするリスクを抱えている。それらとつねに戦っていくことの困難さは他の団体でも同じだ。しかし、フリーメイスンはその歴史から来るハンディを背負っている。

ヴェルダンは、そもそも「メイスンの秘密」という要素を廃止すべきだと唱えている。

創立当時の社会状況では必要だった「秘密」の意義はすでにない。さらに、多くの脱会者が暴露本を書いているので「秘密」はリスペクトされておらず、「秘密」として成り立っていない。政財界にまつわる汚職や不正事件はどんな組織にでもあり得ることだが、フリーメイスンがかかわった時はその「秘密」故に世間の目を惹きメディアに書きたてられる。これからのメイスンはもう所属を隠すことすらできないことを肝に銘じておいた方がよい。大切なのは閉じられた空間でおこなうイニシエーションの儀礼であり、それによって長期的な霊性が生まれるのだ。イニシエーション自体はオカルトではない。どんな文化にも共同体の「通過儀礼」というものは存在する。イニシエーションは共通の価値観に基づいた理想に向けて自らと社会を成長させ向上させるためのシンボルとして必要なものなのだ。しかし、「人間の生き方」という航海に乗り出すためにいくら入念に帆布を織りあげたとしても、それを帆柱に掲げて風に打たせるのでなく船底に敷いたままにしておくのでは意味がない。

このようなヴェルダンの言葉は一時期熱烈に迎えられた後、グランド・マスターが代わるうちに遠ざかり、有機的なシンクタンクとしてのフリーメイスンの改革は遠のいたように見える。

結局のところ、フリーメイスンも人間の営むすべての活動と同じように、試行錯誤を重ね、ある時は権力や欲望の誘惑に負けたり、ある時は理想のために自己犠牲もいとわなかったり、自己や他者に対して峻厳だったり寛容だったり、時代の波に翻弄されたりしながら生き方の模索をつづけているということだ。その点では、規模は違っても、一国家や一宗教組織や一文化や一個人と同じ運命、同じ試練に向き合っていかねばならない。

おわりに

人間が複数集まるところ、あるいは一人の人間の内部であれ、生理的なものから支配欲や周囲からの承認欲求まで、さまざまなレベルで私たちはつねに誘惑や欲望にさらされている。一国の歴史、一文明の歴史、一団体の歴史でもそれは同様だ。ある時には欲望に負けて暴走したり、分別を欠いたりもするが、ある時は悔いたり反省したり他者の意見を受け入れて路線を変更したりする。フリーメイスンも一つの有機体のようにそれをくりかえした。しかしそのルーツが地縁血縁的な自然発生的共同体に基づいたものではなく、信教の違いによる政治的社会的なパワーゲームを超越したいという人為的な「普遍主義」であったために、フリーメイスンは、その内部でどのような分裂をくりかえしても、最初の「普遍主義」を視野に入れ、互いの上下関係や排他主義を乗り越えてきた。「表世界」が陥りやすい共同体主義や序列主義と違って、ロッジ同士のあいだにヒエラルキーがない。そのなかには「見習い－職人－親方」をはじめとして三三にものぼる「位階」があって階層ごとに守るべき秘密があるなどまるで「共同体主義」のカリカチュアにも見えるが、参加する意思表明も、段階を昇っていく意思表明も、徹底的に「自由」意思に基づいているという点で、抽象的になりがちな「普遍主義」の理想から外れぬままに共同体主義を満足させることができるうえに、「自己啓発」の満足も得られるシステムとなっている。各種典礼の決まり事の遵守や位階ごとに変わる服飾品へのリスペクトも、伝統宗教の蒙昧な「教義」や古臭い「典礼」を否定しつつ「コスチュームプレイ」的な遊び心やエリート主義を満足させる構造になっている。

フランス・グランド・ロッジの憲章には「真実と正義の探求において、フリーメイスンはいかなる拘束も受けず、いかなる限界も設けない」とうたわれている。その心意気がこの本を導いてくれたと信じてやまない。

主要参考文献

Histoire des Francs-Maçons en France, Collectif sous la direction de Daniel Ligou, Toulouse, 2000.

La symbolique maçonnique du troisième millénaire, Irène Mainguy, Dervy, 2003.

J'ai été Franc-maçon, André Clodic, Carnot, 2003.

La spiritualité de la Franc-maçonnerie, Jean-Pierre Bayard, Dangles, 2014.

La Colonne d'Harmonie : histoire, théorie et pratique, Philippe Autexier, Editions Detrad aVs, 2013.

J'étais franc-maçon, Maurice Caillet, Salvator, 2009.

Dictionnaire de la Franc-maçonnerie, Armand Colin, 2014.

La saga des francs-maçons M-F. Etchegoin/F. Lenoir, Robert Laffont, 2010.

L'ordre maçonnique le droit humain : *Que sais-je?*, A. Prat/C. Loubatière puf, 2003.

フリーメイスン

もうひとつの近代史《きんだいし》

二〇一五年六月一〇日第一刷発行

著者 竹《たけ》下《した》節《せつ》子《こ》

発行者 鈴木 哲

発行所 株式会社 講談社
東京都文京区音羽二丁目一二—二一 〒一一二—八〇〇一
電話（編集）〇三—三九四五—四九六三
（販売）〇三—五三九五—四四一五
（業務）〇三—五三九五—三六一五

装幀者 奥定泰之

本文データ制作 講談社デジタル製作部

本文印刷 信毎書籍印刷 株式会社

カバー・表紙印刷 半七写真印刷工業 株式会社

製本所 大口製本印刷 株式会社

定価はカバーに表示してあります。

ISBN978-4-06-258604-7 Printed in Japan
N.D.C.361.65 245p 19cm

講談社選書メチエ　刊行の辞

書物からまったく離れて生きるのはむずかしいことです。百年ばかり昔、アンドレ・ジッドは自分にむかって「すべての書物を捨てるべし」と命じながら、パリからアフリカへ旅立ちました。旅の荷は軽くなかったようです。ひそかに書物をたずさえていたからでした。ジッドのように意地を張らず、書物とともに世界を旅して、いらなくなったら捨てていけばいいのではないでしょうか。

現代は、星の数ほどにも本の書き手が見あたります。読み手と書き手がこれほど近づきあっている時代はありません。きのうの読者が、一夜あければ著者となって、あらたな読者にめぐりあう。その読者のなかから、またあらたな著者が生まれるのです。この循環の過程で読書の質も変わっていきます。人は書き手になることで熟練の読み手になるものです。

選書メチエはこのような時代にふさわしい書物の刊行をめざしています。

フランス語でメチエは、経験によって身につく技術のことをいいます。道具を駆使しておこなう仕事のことでもあります。また、生活と直接に結びついた専門的な技能を指すこともあります。

いま地球の環境はますます複雑な変化を見せ、予測困難な状況が刻々あらわれています。

そのなかで、読者それぞれの「メチエ」を活かす一助として、本選書が役立つことを願っています。

一九九四年二月　　野間佐和子

ハイデガー入門　竹田青嗣
ヘーゲル『精神現象学』入門　長谷川　宏
カント『純粋理性批判』入門　黒崎政男
知の教科書　カルチュラル・スタディーズ　吉見俊哉編
知の教科書　フーコー　桜井哲夫
知の教科書　ウォーラーステイン　川北　稔編
知の教科書　デリダ　林　好雄／廣瀬浩司
知の教科書　ニーチェ　清水真木
知の教科書　ヘーゲル　今村仁司／座小田　豊編
知の教科書　ソシュール　加賀野井秀一
知の教科書　スピノザ　C・ジャレット　石垣憲一訳
ドゥルーズ　流動の哲学　宇野邦一
フッサール　起源への哲学　斎藤慶典
トクヴィル　平等と不平等の理論家　宇野重規
ホワイトヘッドの哲学　中村　昇
完全解読　ヘーゲル『精神現象学』　竹田青嗣／西　研
完全解読　カント『純粋理性批判』　竹田青嗣

完全解読　カント『実践理性批判』　竹田青嗣
完全解読　フッサール『現象学の理念』　竹田青嗣
トマス・アクィナス『神学大全』　稲垣良典
マイケル・ポランニー「暗黙知」と自由の哲学　佐藤　光
本居宣長『古事記伝』を読むⅠ〜Ⅳ　神野志隆光
西洋哲学史Ⅰ〜Ⅳ　神崎　繁／熊野純彦／鈴木　泉責任編集
分析哲学入門　八木沢　敬
意味・真理・存在　分析哲学入門・中級編　八木沢　敬
神から可能世界へ　分析哲学入門・上級編　八木沢　敬
ソシュール超入門　P・ブーイサック　鷲尾　翠訳
ベルクソン＝時間と空間の哲学　中村　昇

近代性の構造　今村仁司
身体の零度　三浦雅士
交易する人間（ホモ・コムニカンス）　今村仁司
人類最古の哲学　カイエ・ソバージュⅠ　中沢新一
熊から王へ　カイエ・ソバージュⅡ　中沢新一
愛と経済のロゴス　カイエ・ソバージュⅢ　中沢新一
神の発明　カイエ・ソバージュⅣ　中沢新一
対称性人類学　カイエ・ソバージュⅤ　中沢新一
インド哲学七つの難問　宮元啓一
近代日本の陽明学　小島　毅
未完のレーニン　白井　聡
経済倫理＝あなたは、なに主義？　橋本　努
対話の哲学　村岡晋一
ヨーガの思想　山下博司
パロール・ドネ　C・レヴィ＝ストロース　中沢新一訳
近代政治の脱構築　R・エスポジト　岡田温司訳
甦るリヴァイアサン　梅田百合香

儒教と中国　渡邉義浩
〈主体〉のゆくえ　小林敏明
昭和の思想　植村和秀
三人称の哲学　R・エスポジト　岡田温司監訳
治癒の現象学　村上靖彦
近代日本のナショナリズム　大澤真幸
中国が読んだ現代思想　王　前
意識は実在しない　河野哲也
ひとは生命をどのように理解してきたか　山口裕之
魂と体、脳　西川アサキ
ドイツ観念論　村岡晋一
子供の哲学　檜垣立哉
国家とインターネット　和田伸一郎
弁証法とイロニー　菅原　潤
古代ギリシアの精神　田島正樹
朱子学　木下鉄矢

講談社選書メチエ　社会・人間科学

MÉTIER

アイヌの世界観　山田孝子
日本語に主語はいらない　金谷武洋
英語にも主語はなかった　金谷武洋
テクノリテラシーとは何か　齊藤了文
日本人の脳に主語はいらない　月本　洋
複数の日本語　工藤真由美・八亀裕美
日本人の階層意識　数土直紀
湾岸産油国　松尾昌樹
ことばと身体　菅原和孝
株とは何か　山本昌弘
「社会」の誕生　菊谷和宏
どのような教育が「よい」教育か　苫野一徳
会社を支配するのは誰か　吉村典久
文明と教養の〈政治〉　木村俊道
感情の政治学　吉田　徹
冷えと肩こり　白杉悦雄
緑の党　小野　一

マーケット・デザイン　川越敏司
「社会《コンヴィヴィアリテ》」のない国、日本　菊谷和宏

講談社選書メチエ　科学

MÉTIER

天才数学者はこう解いた、こう生きた　木村俊一
ビールの教科書　青井博幸
中高年健康常識を疑う　柴田　博
神と自然の科学史　川崎　謙
瞑想する脳科学　永沢　哲
漢方医学　渡辺賢治
記号創発ロボティクス　谷口忠大

講談社選書メチエ　西洋史

MÉTIER